KB239403

교사독립선언
세 번째 이야기

교사독립선언 세번째 이야기

초판 1쇄 발행 2016년 11월 25일

지은이 | 실천교육교사모임

발행인 | 김병주
총괄 CFO | 이기택
기획 | 최윤서
편집 | 허병민
디자인 | 디자인붐
마케팅 | 장은화
펴낸 곳 | (주)에듀니티(www.eduniety.net)
도서문의 | 070-4334-2196
일원화 구입처 | 031-407-6368 (주)태양서적
등록 | 2009년 1월 6일 제300-2011-51호
주소 | 서울특별시 종로구 삼봉로 57 종로호수빌딩 4층

ISBN 979-11-85992-30-3 (13370)
값 15,000원

교사독립선언
세 번째 이야기

실천교육교사모임 지음

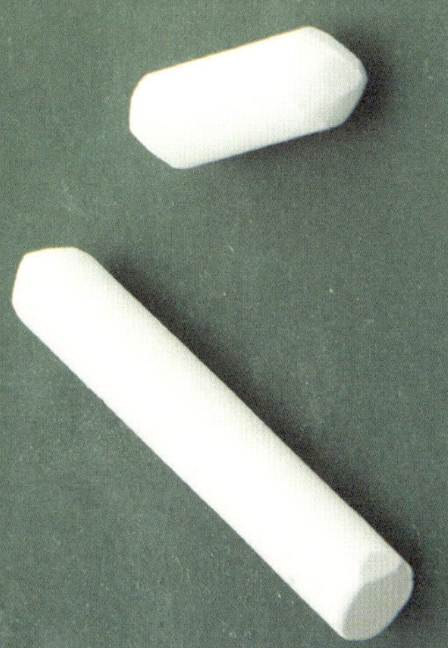

에듀니티

『교사독립선언 세 번째 이야기』
출간을 축하드립니다

어느새 실천교육교사모임에서 주관하는 '교사가 만들어가는 교육 이야기'가 네 번째 행사를 앞두고 있습니다. 전국에서 많은 교사가 한자리에 모여 교육을 이야기하고, 수업을 이야기하고, 아이들에 대해 이야기한다는 것이 그리 쉬운 일은 아니라 생각합니다. 먼 길 마다치 않고 교사들이 만들어가는 축제의 장에 함께하시는 많은 선생님께 감사의 인사를 전합니다.

그리고 지난봄 창원에서 개최되었던 세 번째 행사 내용을 묶어 『교사독립선언』을 발간하게 되었다니 출간을 진심으로 축하합니다.

지난여름 텃밭을 둘러보고 가꾸어 볼 요량으로 해 질 녘에 들에 나간 적이 있습니다. 뜨거웠던 낮의 열기가 고스란히 온몸으로 전해오고 곧

땀으로 뒤범벅이 되어 버렸습니다. 등줄기로 흘러내리는 땀보다 나를 힘겹게 했던 것은 '바쁘다', '덥다'라는 핑계로 소홀히 해버린 텃밭에서 자라고 있는 작물들의 모습이었습니다.

우리 교육의 모습도 이와 같다는 생각을 했습니다. 농부가 흘린 땀만큼 결실을 맺듯이 교실에서 흘리는 교사의 땀방울만큼 우리 아이들도 성장해가고 있습니다. 교실 속 농부는 곁눈질하지 않으며 온전히 일 년을 자신의 밭을 가꾸는 데 온 정성을 기울이고 있습니다. 일 년 후 부쩍 자라있을 아이들을 생각하면서요.

농사에서 가장 중요한 것은 무엇일까요?

저는 씨앗도 중요하고 밭도 중요하지만, 무엇보다 중요한 것은 농부라 생각합니다. 교실 속 농부가 흘리는 땀방울의 가치는 고스란히 아이들의 성장으로 이어진다 생각합니다. 그 땀의 가치가 헛되지 않도록 저 또한 많은 노력을 기울이겠습니다. 텃밭 가운데에 땀을 흘리는 농부를 위해 더위를 식히는 시원한 바람이 될 수 있도록 노력하겠습니다.

농사의 최고 전문가는 농부이듯이 교육의 전문가는 바로 선생님이십니다. 그동안 우리는 교육의 문제를 교사가 아닌 교육 행정가, 교수 등에 의지해 온 것이 사실입니다. 하지만 이제 교육의 문제는 교사들의 목소리에 귀 기울일 때 그 답을 찾을 수 있습니다.

특히, 건강한 농부들로 가득 찬 실천교육교사모임은 교사들의 소중한 광장이라 생각합니다. 광장을 가득 메운 교실 속 농부들이 교육을 이야기할 때 우리의 텃밭은 더욱 비옥해질 것이고, 비옥한 텃밭에서 자라는 열매는 그 어느 열매보다 건강해 지리라 생각합니다.

우리 광주광역시교육청은 지난해부터 건강한 교육공동체를 일구기 위해 교원 수업 나눔 운동을 추진하고 있습니다. 닫힌 교실의 문을 열고 함께 만들어가는 교육을 위해 학교를 넘어, 지역을 넘어, 대한민국의 모든 교사와 함께 나눔의 문화가 확산되기를 희망합니다.

그 중심에 실천교육교사 모임이 함께 하기를 희망합니다.

광주광역시 교육감

장휘국

차례

1부

나답게, 자유롭게, 함께

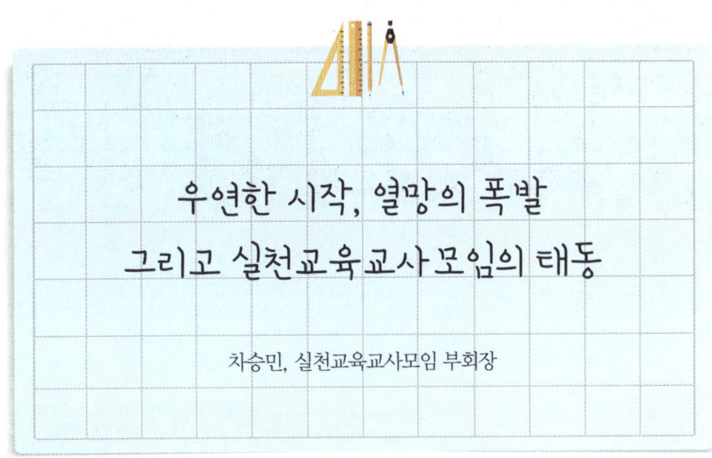

2015년 4월 '괴물과 고물의 학교 이야기'란 주제로 서울에서 북콘서트가 열렸다. 『학교라는 괴물』을 쓴 권재원 교사를 보기 위해 전국에서 20여 명의 교사가 모인 이 날의 행사는 '실천교육교사모임'이 만들어지게 된 계기가 되었다.

그날의 향기가 아쉬워 정성식 교사는 아예 '괴물과 고물'이라는 페이스북 페이지를 개설했고 참여자끼리 교류와 소통을 이어 나갔다.

'한 번 더 모이면 어떨까?'

'이번엔 우리의 이야기를 하면 어떨까?'

'평소 페이스북에서만 볼 수 있었던 선생님을 직접 만나면 어떨까?'

'모인 선생님들끼리 교육에 대한 이야기를 허심탄회하게 해보면 좋

:: 1회, 세종에서

:: 2회, 익산에서

겠다.'

이런 열망과 소망의 조각이 스멀스멀 피어오르다 괴물과 고물들은 아예 작당하고 판을 벌여보기로 했다. 2015년 7월 세종 온빛초에서 처음 펼쳐진 '교사가 만들어가는 교육 이야기'는 이렇게 시작되었고 그해 10월에는 전북 익산에서 두 번째 마당이 열렸다.

특히 전북 익산 모임 뒤에 이뤄진 창립총회에서 실천교육교사모임이 정식으로 발족하게 되었고 2016년 1월에 대전에서 개최된 정기 총회에서 모임의 방향, 교사가 만들어가는 교육 이야기 운영방법 그리고 회원 모집과 CMS 회비 납부에 대한 의견을 모았다.

우연에서 필연으로, 필연에서 다시 우연으로

　　　　　지나보면 참 대단한 일을 해왔지만, 돌이켜 보면 얼기설기, 우왕좌왕, 좌충우돌의 연속이었다. 우리의 삶이 예측 불가하듯 실천교육교사모임의 진로와 진행도 이와 같았다. 모든 것에 예상한 것은 별로 없었다. 물론 꿈꾸지 않은 것은 아니지만, 그런 꿈은 신기루와 같아 바쁜 일상을 살다 보면 항상 사라져버리고 말았다.

그러나 실천교육교사모임은 뭔가 달랐다.

무엇이 달랐는가?

이 간단한 질문에 실천교육교사모임의 태동기부터 참여했고 활동했으며 지금은 부회장의 직책을 맡고 있는 나조차 무엇이 달랐는지 한마디로 명확히 답을 하기 어렵다. 실천교육교사모임의 정체성이 무엇이냐는 많은 분의 물음에 대답하기 어려운 이유와 같다.

분명한 것은 모인 교사들의 열정은 대단했고 생각은 밝았으며 의도는 순수하고 방향은 정의로웠다. 방법은 민주적이었고 실행에 주저하지 않았으며 나눔이 생활화되어 있었다.

무엇보다 누구의 지시나 의무감에서가 아닌 자발적 참여가 교사가 만들어가는 교육 이야기의 준비와 진행의 가장 큰 힘이었고 그것이 모여 실천교육교사모임의 원동력이 되었다.

　여기에 모인 교사들은 자신의 전문성을 스스로 찾으려는 의지가 강했고 배우려 했다. 운영진은 그 열망과 의지를 몸으로 느끼고 염원을 담아 진행했다.

세 번째 마당은 창원에서

　　　　　2회 행사가 전북 익산에서 이루어졌는데 그 시작은 참 기가 막히고 우연스러웠다. 첫 회인 세종 행사를 마치고 뒤풀이를 하던 중 지금의 회장인 정성식 교사가 전북 행사를 제안했고 모두 들뜬 마음으로 동의했다.

　그런데 정성식 교사는 곧바로 김승환 교육감의 비서와 연락을 했고, 그 자리에서 교육감의 허락을 받아냈다. 취중이었지만 정신이 번쩍 날 만큼 충격이었다.

　'이건 뭐지?'

　행사를 진행하고 준비하는 과정에서 전북교육청과 연수원의 협조를 받으면서 부럽다는 생각도 들었다. 당시 현장감독으로 실무를 담당했던 나는 다음 행사 장소를 염두에 두지 않을 수 없었다.

　'전라도에서 한번 했으니 이번엔 경상도에서 하는 것도 좋겠다.'

　'김승환 교육감이 진보 교육감이니 경상도의 진보 교육감에게도 힘을 실어주면 좋겠다.'

　'정성식 회장의 고향인 전북에서 했으니 부회장인 내 고향 경남에서 하면 좋겠다.'

이런 생각을 속으로만 하고 있었다.

교사가 만들어가는 교육 이야기는 행사의 진행상 각 시도 연수원이 가장 적합하다. 시설과 접근성도 좋지만, 무엇보다 교육감도 한 명의 연사로 무대에 오르고 그 지역 교육을 대표한다는 상징성도 좋기 때문이다. 무엇보다 협조를 받으면 비용을 확 줄일 수 있다는 현실적인 이유도 있었다.

교사와 교육감의 소통이 원활한(?) 전북과는 달리 아직 경남은 그 정도는 아니었다. 다행히 도교육청에서 홍보를 맡고 있던 최진수 장학사와는 교사 시절부터 인연이 있어 교사가 만들어가는 교육 이야기 3회 행사에 대한 속마음을 털어놓고 협조가 되는지 문의했다. 적극적으로 검토해보겠다는 답을 얻은 상태로 해가 바뀐 2016년 1월에 정기총회에서 창원 행사를 승인받았다.

3회 행사부터는 시스템이 조금 바뀌었다. 2회까지는 정성식, 정유진, 차승민 교사가 강사 및 장소 섭외, 행사 진행 전반을 총괄하던 주먹구구식이었다면 창원 행사부터는 교사가 만들어가는 교육 이야기 준비위원회(이하 '준비위')를 꾸려 준비와 진행 전반의 권한을 다 주기로 했다.

지항수 교사를 위원장으로 비교적 저경력 교사 위주로 구성된 준비위는 독자적으로 행사를 준비하고 이제껏 현장감독을 맡았던 나는 마음의 부담을 덜고 준비위를 지원하기 위한 총괄 지원을 담당했다. 그러기 위해선 박종훈 경남 교육감을 만나야 했다.

드디어 2016년 2월 25일 박종훈 교육감과 면담했다. 주선한 최진수 장학사와 함께 실무를 도와줄 곽형준 장학사 그리고 박성현 교사와 나는 교육감과 자리를 함께했다. 면담 시간은 15분이라 들었다. 그렇지만

만남은 45분간 이뤄졌다.

"제가 무엇을 도와드리면 될까요?"

경남교육이 추구하는 행복교육의 방향과 큰 틀에서 차이가 없다는 것을 확인한 박종훈 교육감은 실천교육교사모임과 교사가 만들어가는 교육 이야기에 큰 관심을 보였다. 경남교육연수원의 무상대여(?)와 교육감의 15분 이야기를 수락하고 현장에서 바로 연수원장에게 전화하여 협조를 당부했다.

단, 행정적 절차가 있으므로 교육청 혁신과에서 연수원에 장소 대여를 하는 것으로 했다. 지원은 하되 간섭받지 않는다는 원칙에 따라 나머지는 실천교육교사모임의 자율적 활동을 보장받았다.

틀을 깨지 않고 유연하게 확장해서 활용하는 운영의 묘를 살렸다. 결국 일은 사람이 하는 것이고 교육 역시 교사가 바꾸어나갈 수 있다는 기본적인 생각이 서로의 뜻을 전하는 데 충분했다.

2월 29일에는 박성현 교사, 준비위원장인 지항수 교사와 함께 경남교육연수원을 방문하여 장소와 시설에 대한 사전답사를 마쳤다.

시스템을 구축하다

2016년 6월 18일 토요일 경남교육연수원. 창원에서 열린 교사가 만들어가는 교육 이야기 세 번째 마당에서 가장 주목할 점은 행사에 대한 시스템을 구축하고 실천교육교사모임의 존재를 알리는 출범식을 했다는 점이다.

지항수 위원장을 중심으로 한 준비위는 기존의 방식을 바탕으로 새로움을 추구하면서도 체계를 잡아나가려 노력했다. 회장, 부회장을 비롯한 운영위가 준비위에 모든 행사 준비의 권한을 다 부여했지만, 경험이 많지 않은 교사위원들이 일을 해나가기 쉽지 않았을 것이다. 그러나 보기엔 더디게 움직이는 것 같으나 준비위는 기존 운영위보다 아이디어가 확실히 차이가 났다. 행사가 임박해서는 그동안 준비위가 고민했던 부분을 정리하고 확정해서 준비하기로 했다.

그동안 수요일밴드 활동을 하며 온라인 홍보를 하던 능력을 십분 발휘하던 준비위의 박대현 교사는 실천교육교사모임의 홈페이지(http://koreateachers.org/) 제작을 순식간에 해냈다.

특히 공모를 통해 CI(Corporate Identity)를 만들었다. 최선주 교사가 디자인해주신 것을 참쌤스쿨의 이인지 교사와 김차명 교사가 일러스트 작업을 맡아 완성했다. 지붕 모양은 실천교육교사모임의 첫 자음인 'ㅅ'을

:: 실천교육교사모임 홈페이지

:: 실천교육교사모임 CI

형상화하여 교사들을 든든하게 지켜주는 것을 상징하며 주황색과 녹색은 진보와 젊음을 상징한다. 교사들이 손잡고 있는 형상은 '연대'를 뜻하며, 손을 맞잡고 행복한 학교를 만들어 보자는 뜻을 담고 있다. 또 함께 받치고 있는 지붕 아래서 마음으로 서로를 지켜주고 있다. 그리고 실천교육교사모임의 '모임가'까지 제작해서 음원으로 만들었다.

교사가 만들어가는 교육 이야기 준비의 전 과정은 다음 글에서 상세하게 풀어낼 것이다.

출범식을 하다

교사가 만들어가는 교육 이야기 창원 행사에서 가장 획기적인 이벤트는 아마 실천교육교사모임의 출범식이었을 것이다. 지나고 보면 엄청난 일들을 했다는 생각이 들지만, 할 때는 그것이 어떤 의미를 가지는지 모르는 경우가 있다. 교사가 당당하게 교육의 주체임을 선언하고 교육의 전문가로서 스스로 자리매김하겠다는 의지를 담은 우리의 출범식 준비는 어리숙(?)하기 이루 말할 수 없었다. 사실 출범식을 기획하고 준비한 것은 회장인 정성식 교사와 고문인 권재원 교사다. 가장 핵심이 되는 실천교육헌장과 그 의미는 권재원 교사가 상세하게 풀어낼 것이고 부회장인 내가 본 출범식을 풀어보겠다.

출범식에 무슨 의미를 부여하여 어떤 말을 할 것인지 준비하던 회장은 갑자기 부회장인 나를 끼워 넣어 행사를 진행했다. 이전 행사까지는 현장감독이었던 나는 준비위를 도와 행사의 여러 가지를 협조하고 조율하고 있었다.

창원 행사 전날인 6월 18일, 회장은 실천교육교사모임 CI가 새겨진 플래카드가 필요하다고 해서 부랴부랴 박대현 교사가 만들어서 행사 당일 가지고 왔다. 부회장인 나에겐 무대 위에서 읽을 수 있도록 상장케이스를 구해달라고 했고 온 학교를 뒤져서 구해놓았다. 출범식을 해본 적도 없고 본 적도 없는 나는 그저 회장이 복안이 있어 잘할 것이라고 믿을 뿐 무엇을 어떻게 할지 부회장인 나조차 전혀 감을 잡을 수 없었다. 행사 당일 아침에 플래카드를 발견한 나는 박대현 교사에게 물어보니 월드컵 응원할 때처럼 목에 감고 망토처럼 두를 수 있도록 제작했다고 한다.

드디어 박대현 교사의 진행 하에 1부 행사가 펼쳐졌다. 출범식은 1부 행사를 마치고 점심시간 전에 하기로 정해져 있었다. 갑자기 회장은 나를 불렀다.

"승민아, 같이하자."

출범식 하기 두 시간 전에 해맑은 얼굴로 정성식 회장은 나에게 말했다. 뭐 이건 어쩔 수 없는 순간이었다. 하긴 우리의 삶이나 행사의 진행이나 예측한 대로 된 적은 없었지만, 이건 정말 엄청난 일이었다. A4 3장에 인쇄된 실천교육헌장을 상장케이스에 넣고 각자 읽을 부분을 나눴다. 낭독 연습을 해보지도 않아 어떻게 해야 할지도 몰랐지만 그건 약과였다.

"승민아, 플래카드 들고 뛰자."

행사장을 몇 번 돌아서 흥을 돋우자는 회장을 말려 좌측에서 한번 우측에서 한번 그리고 가운데에서 입장하는 것으로 정했다.

주최하는 우리도 예상하지 못한 것인지라 함께 자리했던 320여 명의 참석자도 뜻밖의 퍼포먼스에 어리둥절했지만 이내 박수와 함께 열렬한 호응이 뒤따랐다.

그동안 함께 했던 준비위원과 운영위원 모두는 조끼를 입고 단상 위로 올라갔다. 실천교육교사모임 플래카드를 앞에 두고 회장과 부회장인 나는 실천교육헌장을 한 줄 한 줄 크게 낭독했다.

플래카드를 들고 뛰는 내내, 실천교육헌장을 낭독하는 내내 '괴물과 고물' 모임을 시작으로 그동안 지나왔던 우리의 이야기들이 주마등처럼 눈앞을 지나가는 느낌이었다.

우연처럼 시작해서 나 스스로부터 교사의 삶에 대한 의미를 찾고 다

:: 실천교육교사모임 출범식

른 교사들과 손잡고 나눔을 실천하며 드디어 우리 교사도 주체적인 실천교육자로서 세상 앞에 무언가 당당히 외칠 수 있다는 용기와 희망을 느꼈다. 수요일밴드의 박대현 교사가 만든 실천교육교사모임의 공식 모임가가 강당에 울려 퍼지고 함께 노래 불렀다. 가슴 벅찬 느낌이었고 내 눈엔 땀인지 눈물인지 모를 액체가 흐르고 있었다.

단체를 조직하고
회원을 모집하다

2016년 1월 정기 총회 때 실천교육교사모임의 재정운영 방법에 대한 논의가 있었고 그 방법으로 CMS 방식의 후원회원을 모집하기로 의결했다.

말이 쉬워 CMS 방식이지 실천교육교사모임은 아직 어떤 성과물도 없고 무엇을 지향하는지 불분명하게 보이는 이 상황에서 후원회원을 모집한다는 것이 현실적으로 가능할 것인지 자신할 수는 없었다.

홈페이지를 구축하고 CI를 만들면서 실천교육교사모임을 알릴 수 있는 무언가가 필요했다. 급히 참쌤 스쿨의 김차명 교사의 도움을 받아 리플릿을 만들었다.

6월 18일 현장에서 실천교육교사모임의 후원회원 모집을 알리고 참석하신 분 중 100명의 CMS 후원을 받았다. 그분들에게는 전북 익산에서 펼쳐진 교사가 만들어가는 교육이야기 두 번째 내용을 묶어 출간한 『교사독립선언 두 번째 이야기』를 선물로 드렸다.

그 뒤 페이스북과 홈페이지를 통해 후원회원을 온라인으로 모집했고 2016년 11월 현재 300여 명의 후원회원이 실천교육교사모임에 힘을 실어주고 계신다.

후원회원을 모집하기 위해 SNS에 올렸던 모집의 글을 올려본다.

> 실천교육교사모임의 숙원사업(?)인 온라인 후원회원 모집이 개설되었습니다. 실천교육교사모임의 후원회원이 되시면 어마어마한 혜택을 누리실 수 있습니다.
>
> 1. 어디선가 있을 것 같은 나의 응원자 호출권.
> 2. 내가 하는 교육활동의 까임 방지권.
> 3. 나만 그런 것이 아니었음을 알게 되는 힐링권.
> 4. 나도 공부하며 실천하며 살아야겠다는 자기 다짐권.
> 5. 나의 활동이 다른 누군가에게 도움이 된다는 사실을 알게 되는 자기 발전권.
> 6. 나의 성장이 타인의 성장에 도움을 주고 도움을 받는다는 것을 깨닫는

쌍방영향권.
7. 공부하며 놀고 놀며 공부할 수 있다는 것을 느끼는 체험학습권.
8. 나도 언젠가 무대에 올라가 나의 교육활동을 알리고 싶다는 생각을 구체
   화시키는 욕망 투사권.

이 모든 것은 실천교육교사모임의 후원회원이 되시면 누릴 수 있는 권리입
니다.
여러분의 후원을 받아 실천교육교사모임은 이런 일들을 합니다.

• 다양한 전국의 실천교육 사례를 공유하고 많은 선생님과 나눕니다.
• 교사가 만들어가는 교육 이야기 행사를 통해 많은 선생님과 교류합니다.
• 출판을 통해 실천교육 사례를 널리 알립니다.
• 실천하는 교사들의 다양한 소모임을 지원하고 확대합니다.

지금 가입해서 함께하시죠.
우측의 QR 카드에 접속하시면 온라인으로
후원회원에 가입할 수 있습니다.

실천교육교사모임은
어디로 갈 것인가?

"선생님은 왜 실천교육교사모임 하세요?"

요즘 이런 말을 한 번씩 듣는다. 이런 질문의 속마음에는 '그거 하면
뭐 생기는 거 있어요?'도 들어있다.

나도 한 번씩 나에게 되묻는다.

'차승민, 넌 왜 실천교육교사모임 하니?'

무려 실천교육교사모임의 부회장이자 태동에서 창립까지 깊숙하게(?) 관여한 당사자이면서도 나도 내가 지금 무엇을 위해 하는지, 무엇을 추구하는지 별생각이 없다. 참 무책임하고 대책 없는 생각이자 발언이다. 하지만 내 처지에서 생각해보면 아주 합리적이고 당연한 사고와 행동의 귀결이다. 실천교육교사모임을 하겠다고 뜻을 품고 왔었던 적 없다.

살다 보니 십수 년 선생 하고 있었고,

선생으로 살다 보니 잘 가르치고 싶었고,

선생으로 살다 보니 이상하고 험한 꼴도 많이 보고,

선생으로 살다 보니 제도와 현실, 시스템이 이상하단 생각이 들었고,

선생으로 살다 보니 혼자서는 뭐 해볼 게 없었고,

선생으로 살다 보니 외로웠고,

무엇보다 이렇게 뒤죽박죽된 선생으로 사는 삶에서 정성식이란 이상한 교사의 책에 엮이고 권재원, 이성우 교사 같은 특이한 선배들도 있고 이윤미 교사 같은 독보적인 동기도 있으며 정유진 교사 같은 외계종족(?) 같은 영혼도 있다는 것도 알았다. 거기다 한승모, 김택수, 박대현, 김차명 같은 제대로 불타오를 줄 아는 후배들도 있어 더 신났던 것도 사실이다.

사실 재미있었다.

사실 신났다.

사실 같이 모여 논다는 것 자체가 좋았다.

놀다 보니 노는 것만은 아니었다.

우리가 노는 걸 보고 다른 선생들이 같이 놀자고 했다.

뭐 별거 있나?

같이 놀았다.

신명 나게 놀았다.

선생은 놀면 공부하려고 덤빈다.

참 신기하다.

알고 보니 원래 공부를 가장 잘하던 인간들이 교사인데 그들에게 놀라고 판 만들어줬더니 공부를 하려 한다.

또 옆길로 샌다.

'난 왜 실천교육교사모임 하지?'

사실 고백하자면 딱 한 가지다. 재미있다. 살아가면서 이렇게 재미있게 뭔가를 해 본 적이 없는 것 같다. 신난다. 살면서 이렇게 열정적인 교사들을 본 적이 없다. 실천교육교사모임에 오면 난 정상인처럼 느껴진다. 끼와 열정 그리고 에너지가 넘치는 교사가 득실득실하기 때문이다.

재미있고 신난다고 해서 힘든 것이 없는 것은 아니다. 그래도 그건 재미나고 신나는 것에 비하면 새 발의 피다. 재미도 알고 흥도 알고 무엇보다 일하면 핵심이 무엇이지 파악하고 집중할 줄 아는 교육전문가 집단이다.

"어디까지 갈 거야?"

"네가 하고 있는 일에 끝은 어디야?"

며칠 전 술에 취한 선배가 나에게 물었다. 마음속에 있던 말인데 맨정신으로는 차마 못 했나 보다.

"저도 모릅니다."

"뭔가를 추구하며 살아가지 않았어요. 살다 보니 이렇게 되었죠. 지금

멈추고 끝내도 후회는 없어요. 원래 맨손으로 시작했는데 끝나면 돌아가 오늘 그랬듯이 내일도 아이들 가르치는 거죠."

조금 정리가 된다. 실천교육교사모임을 하고 있는 무려 부회장인 나는 재미로 한다. 내 남는 '잉여로움'을 타인과 나누려 한다. 목적과 의지와 의미를 가지고 하는 것이 아니라 선한 영향력과 나와 타인에 대한 믿음을 가지고 간다. 그것뿐이다. 의미는 행위가 끝나고 나면 부여한다. 아직 우리의 행위는 끝나지 않은 진행형이다.

차승민 경남 창원 광려초등학교에 근무하고 있다. 저서로는 『영화를 함께 보면 아이의 숨은 마음이 보인다』, 『영화를 선생님 사용설명서』, 『영화를 학생 사용설명서』, 『영화를 아이의 마음을 읽는 영화 수업』이 있고, 인터넷 카페 '초등영화교실'을 통해 영화 수업과 방법에 대한 노하우를 공유하고 있다. 현재 교육현장에서 교사들의 실천을 공유하고 함께 성장하는 터전이 되는 '실천교육교사모임'을 통해 실천교육학을 연구하고 있으며 부회장을 맡고 있다.

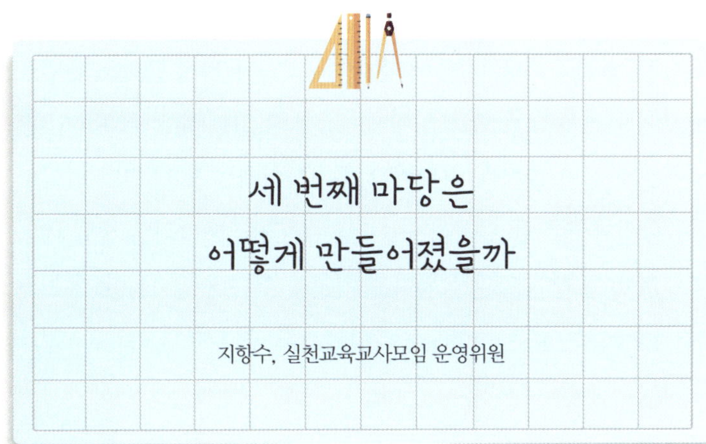

시작의 무게

시작이 반이라는 말이 있지만, 항상 들어맞지는 않는다. 흥행한 영화가 속편에서는 인기를 끌지 못할 수도 있고, 많은 독자에게 성원 받던 장편 소설이 마무리가 허술해 비판받는 일도 있다. 지난해 두 번에 걸쳐 진행된 '교사가 만들어가는 교육 이야기(이하 '교육 이야기')' 역시 매회 호응이 좋았지만, 그것이 다음 행사도 잘 될 거라 보장하지는 않는다. 오히려 쌓인 기대에 부응할 수 있을 만큼, 더 나아가 다음을 이어갈 가능성을 만들 수 있을 만큼 행사를 잘 치러야 한다는 압박으로 변하기도 한다.

올해 1월에 있었던 실천교육교사모임 총회에서 주요 논제 중 하나는 '교육 이야기'의 운영이었다. 한 해에 몇 회 할지, 어떻게 준비하면 좋을

지에 대한 논의가 오갔다. '그냥 기존처럼 하면 되지 뭐'라고 생각할 수도 있지만, 실천교육교사모임이 발족한 지 얼마 되지 않았고 출범을 앞둔 시기라 단체 등록과 회계 준비 등 해야 할 일이 많은 상황이었다. 그래서 예전과 같이 소수가 기획하고 준비하기에는 벅찬 면이 있어서 횟수를 줄이거나 방식을 달리하자는 의견이 나왔다. 그러던 중에 내가 따로 행사 준비를 할 지원자를 받자고 제안을 했는데 덜컥 수용됐고 그 자리에서 10명의 지원자가 나와 준비위원회가 꾸려졌다(추후 2명이 추가되어 총 12명으로 구성됐다).

씨 뿌린 자가 거두어야 한다고 했던가. 논의 끝에 내가 준비위원장이라는 가볍지 않은 직책을 맡게 되었다. 덕분에 좋은 동료들과 함께 일을 하며 의미 있는 자리를 마련한다는 즐거움과 그에 못지않은 부담을 맘껏 누릴 수 있었다. 그리고 시간이 흘러 이렇게 독자들과 글로 소통하는 소중한 기회를 얻었다. 준비위원회가 행사를 통해 선생님들에게 어떤 의미를 전하기 위해 발 벗고 뛰었는지, '교육 이야기'에서 다하지 못한 이야기를 풀어보려고 한다.

새로운 시도

갑작스레 꾸려진 준비위원회지만, 그 안에 담긴 의미는 간단하지 않다. 준비위원은 20대 초임 교사부터 40대 초반의 중견 교사까지 다양했는데 평균 연령이 30대 초반이고, 평균 교육 경력 역시 10년 정도다. 이 정도 규모의 행사를 준비하기에는 나이나 경력이나 못 미더울 법도 한데 실천교육교사모임 운영진(이하 운영진)에서는 '교육 이야기'의 준비과정과 운영 모두 준비위원회에 위임했다. 즉 청년들이 단체의 가장 큰 행사를 전담하게 된 셈이다(심지어 내가 평균 나이 정도였는데도 대표를 맡게 되었다). 한국에서 청년층은 중심에서 먼 위치에서 권리보다는 책임이 큰 잔일을 맡는 경향이 있다. 그런 현실을 고려했을 때 이런 인사는 파격적이다. 그만큼 실천교육교사모임이 융통성 있고 열린 단체라는 것을 보여준다. 또한, 운영진과 준비위원회의 분리는 실천교육교사모임을 더욱 체계화하여 효율적으로 일을 처리할 수 있는 구조를 만드는 바탕이 되었다. 우연한 계기로 시작된 단체가 더 이상 즉흥적으로 운영되지 않고 계획과 분업에 기초한 교사 단체로의 변화가 시작된 것이다.

젊을수록 톡톡 튀는 발상으로 행사를 꾸려갈 거란 정성식 회장의 믿음처럼 젊은 준비위원회는 기존 '교사 이야기'의 장점을 흡수하면서도 새로운 장치들을 만들어 나갔다. 그렇다고 무작정 재밌고 좋아 보이는 활동을 집어넣지 않았다.

우리라면 어떤 행사에 참여하고 싶을까?

여기에 오는 사람들은 무얼 기대하며 올까?

그분들에게 우리가 전하고 싶은 가치는 무엇인가?

이런 근본적인 질문에서부터 시작하여 하나하나 준비해나갔다. 우리 모두 6월이라는 한창 힘들 시기에 멀리까지 시간과 노력을 들여서 오시는 분들께 의미 있는 자리를 마련하고 싶었다. 8시간이라는 한정된 시간 안에 참여자들의 다양한 욕구를 최대한 채워주면서도 새로운 욕구를 자극하고 싶었다.

140여 일간의 준비

　　　　　1월의 마지막 날, 준비위원회가 꾸려지자마자 SNS인 밴드에 모임을 개설했다. 모두가 전국 각지에 흩어져 있어 주로 온라인을 통해 소통하고 정기 회의는 세 번만 갖기로 했다. 서로 인사 한 번 제대로 나누지 못했지만, 의미 있는 행사를 만들고 싶다는 같은 목표가 있었기에 시작부터 편하면서도 활발하게 이야기를 나눌 수 있었다.

　준비위원회의 대표로서 내가 세운 목표는 두 가지였다. 좋은 교육행사를 만드는 데 그치지 않고 세상에 좋은 가치를 퍼뜨릴 기회를 만드는 것과 이후에도 실천교육교사모임에 힘이 될 수 있는 사람을 남기는 것이었다. 그래서 빠른 의사결정이나 일 처리보다는 느리지만, 함께 가며 가치를 공유할 수 있도록 내 의견을 내세우는 것보다는 준비위원 모두가 자신의 이야기할 수 있는 분위기를 만드는 것을 중요하게 생각했다.

:: 피곤했지만 모두가 집중했던 첫 번째 회의

3월 중순의 첫 모임 전까지 온라인을 통해 준비위원 각자가 꿈꾸는 실천교육교사모임과 '교사 이야기'의 모습을 구체화하며 생각을 다지는 데 주력했다.

2월 25일 박종훈 경남 교육감과의 만남 결과 경남교육연수원에서 '교육 이야기'를 개최할 수 있게 되었다. 결정되자마자 차승민 부회장, 박성현 교사와 함께 경남교육연수원을 방문하여 연수원장님의 협조 승인을 받고 시설을 둘러보았다. 넓은 체육관 근처에 여러 강의실과 분임토의실이 있어 '교육 이야기'에 안성맞춤이었다.

3월 13일 준비위원회의 첫 정식 회의를 했다. 남쪽에 멀리 떨어진 창녕 우포늪 근처였다. 전날 있었던 승진안행 페스티벌[1] 여파로 다들 체력적으로나 정신적으로나 제 상태가 아니었지만, 시간이 지날수록 회의 열기는 뜨거워졌다. 기존 '교육 이야기'의 장단점을 분석하고 장점은 이어가면서도 단점을 메울 방안을 모색했다. 그리고 '교육 이야기' 행사의 방향과 의미에 대한 생각을 정리했는데 치열한 논의 끝에 '교육 이야기' 3회의 핵심 가치를 '주체성·자발성, 개방성, 연대'로 잡았다. 이는 행사 준비와 진행 전반에 깊이 자리하게 되었다.

이날 논의 거리 중 하나는 1부 발표자를 선정하는 기준이었다. 발표자의 성비와 학교급, 지역 등을 고려하며 다양한 주제를 포함하기로 했다. 발표자 선정 기준 중에 이전의 '교사 이야기'와 차이점은 누구나 무대에 서서 자신만의 이야기로 다른 사람들과 소통하는 주체가 될 수 있다는

---

1 승진안행(승진점수 안 모아도 행복할 선생님) 모임에서 주최한 행사이다. 이 모임에 관해서는 페이스북에서 '승진안행'으로 검색하거나 https://www.facebook.com/groups/happywithoutsj를 참조하면 된다.

상징으로 초임교사 한 분을 두는 것이었다. 이 발상은 실제로 '교육 이야기'에 적용되었고 끝나고 호평을 받은 점 중 하나였다.

학기 초라 바쁜 와중에도 두 번째 모임이 있기 전까지 연사 후보 교사들의 정보를 취합하고 온라인으로 논의하여 섭외 순서를 결정했다. 섭외를 위한 연락은 그저 연사로서 무대에 서는 것이 아니라 실천교육교사모임에 힘을 보태달라는 의미를 전달하기 위해 정성식 회장이 직접했다. 그러면서도 틈틈이 '교육 이야기'에 들어갈 만한 아이디어를 수집했다.

두 번째 회의는 4월 23일 대전복합터미널 근처에서 이루어졌다. 시기상 '교육 이야기'의 세부적인 내용까지 정해져야 해서 휴식도 없이 회의에 몰입했다. 기존에 정한 핵심 가치에 맞게 세 번째 '교육 이야기'의 대표 문구를 '나답게, 자유롭게, 함께'로 정했다. 참여자들을 각각 주체로 세워 최대한 자발성을 끌어내고, 좀 더 자신을 드러내고 남을 받아들일 기회를 만들며, 함께할 때 힘이 더욱 커진다는 경험을 주기로 했다. 무언가를 배우고 싶거나 새로운 자극을 원하는 분, 마음의 치유를 필요로 하는 분, 우연하게 또는 지인에 이끌려 오시는 분들의 상이한 욕구에 맞춰 일정을 구성했다.

사람은 자신에게 선택할 권리가 주어졌을 때 자신을 자유로운 주체라고 생각하고 자신의 선택에 자발적으로 몰입한다. 그래서 우리는 참여자들에게 더 많은 선택권을 주기로 했다. 참여자가 직접 '교육 이야기'에서 자신만의 프로그램을 만들어 진행할 기회를 주고, 만약 그렇지 않은 경우에는 자신이 원하는 프로그램을 선택하여 참여할 수 있도록 했다. 또한, 프로그램 안에서 다른 사람들과 소통하며 자신을 표현하고 공감받으면서도 타인의 이야기를 들으며 새로운 관점을 얻을 수 있는 분위기를 조성했다. 그리고 비슷한 고민을 하거나 같은 관심사를 지닌 사람이 많다는 것을 확인하고 함께 응원하며 성장하는 자리를 넣었다.

두 번째 회의로 구체적인 일정도 정해졌으니 남은 건 홍보와 세심한 준비였다. 홍보를 위해 안화용 교사가 페이스북 페이지[2]를 만들고 보기 좋게 꾸몄다. 김송희 교사가 만든 카드뉴스와 송가람 교사가 만든 포스터, 운영진이 촬영한 영상 등을 올렸다. 박대현 교사는 홈페이지를 만들어 기존의 실천교육교사모임과 '교육 이야기' 정보를 모아 정리했다. 더불어 경남교육청의 학교혁신과(곽형준 장학사)에서 '교사 이야기' 안내 공문을 각 학교에 발송했는데 이를 보고 찾아온 교사가 제법 많았다.

참여자들의 자유를 늘리는 만큼 준비할 것이 늘었다. 예전과 달리 참여자 신청을 받는 것에 끝나지 않고 어떤 프로그램을 만들고 싶은지, 어느 프로그램에 참여하고 싶은지 조사해야 했다. 프로그램의 다양성을 확보하기 위해 더 많은 교사를 섭외하기 위한 노력도 해야 했다. 프로그램 운영자들에 요구에 맞춰 장소를 배분하고 준비물을 챙기는 것도 손쉬운 일은 아니었다. 참여자들이 한 프로그램에 쏠리지 않게 인원을 제한하고 그에 맞춰 신청 페이지를 매번 손봐야 했다. 프로그램 확정이 늦어 행사 당일 접수 때 프로그램을 추가로 선택하게 하는 과정도 필요했다. 이런 복잡한 절차를 체계적으로 준비하고 운영하기 위해 송희진, 김미연, 김혜인 교사가 많이 노력했다.

정신없이 '교육 이야기'를 준비하는 가운데 5월 28일, 강남역 근처에

---

2 https://www.facebook.com/koreanteachers/

서 세 번째 회의를 진행했다. 최종 점검을 위해서였다. 행사 일정을 처음부터 끝까지 치밀하게 짚어가며 빈틈이 없는지 살폈다. 이때부터 실천교육교사모임의 최우선 과제를 '교육 이야기'에 두고 운영진과 준비위원회를 단일화하여 운영했고, 회장과 부회장도 회의에 참석했다. 회의 결과를 바탕으로 행사 전 준비할 일의 목록을 작성하고 당일에 어떤 흐름으로 행사가 진행될지 순서에 따라 자세히 시나리오를 작성하여 실천교육교사모임 운영위원(운영진과 준비위원회) 모두에게 공유했다. '교육 이야기'까지 남은 기간에는 지금까지 계획한 내용에 맞춰 일을 분배하고 진행하는 데 여력을 쏟았다.

새로운 축제의 장[3]

　　　　6월 18일 창원에 내리쬐던 햇살의 열기는 세 번째 '교사 이야기'로 이어졌다. 행사장을 준비할 때부터 사람들이 하나둘 모여들었다.[4] 가장 먼저 온 분들은 어린아이들을 데리고 온 부모님들이었다. 아이를 기르느라 마음껏 참여하기 어려운 분들을 위해 어린이학교를 무료로 운영했더니 호응이 좋았다. 50여 명의 아이가 행사가 끝날 때까지 황장원 교사와 보육교사들과 함께 행사장 근처의 숲과 들판을 뛰어다니며 즐거운 시간을 보냈다. 가까운 경남에서부터 멀리 강원

3　각 프로그램의 자세한 내용은 담당자의 글과 동영상을 통해 생생하게 느낄 수 있다. 이 글에서는 '교육 이야기'의 전반적인 흐름과 다른 글에서 다루지 않은 프로그램에 초점을 맞출 것이다.

4　천경호 교사는 자원봉사단을 조직하고 행사 당일에 그의 손이 닿지 않는 곳이 없을 정도로 세심히 지원했다.

도에서까지 250여 명의 참여자가 모였다. 전북과 광주는 교육청 차원에서 버스를 운영하여 참석했다. 참여자의 대부분이 교사였지만 교육 스타트업, 시민운동가, 군 복무 중에 외박으로 오신 분 등 다양한 분야의 사람들도 자리했다.

더위를 날려버릴 만큼 신나는 수요일밴드의 노래로 행사 시작을 알리고 이어 1부, 교육톡톡의 첫 순서로 정원상 교사의 이야기가 담긴 드로잉쇼가 펼쳐졌다. 이어서 박종훈 교육감, 김미연 교사, 서준호 교사, 김효수 교사, 최종득 교사, 김현주 교사가 연달아 15분씩 자신의 솔직담백한 이야기를 전했다. 박대현 교사의 감초 같은 진행과 함께 참여자들을 웃고 울린 1부는 예정 시간을 훌쩍 넘길 만큼 호응이 좋았다.

풍족한 점심식사 뒤에는 '랩선생'과 수요일밴드의 합동 공연으로 뜨거운 분위기를 만들었다. 이를 이어 실천교육교사모임 출범식을 가졌고,

그 자리에서 실천교육헌장을 함께 읽어 내려갔다. 새로운 교사단체의 의미는 몇몇 언론에 실려 외부에 알려지기도 했다. '교육 이야기'가 진행되는 동안 회원 등록과 함께 CMS 신청서를 받기도 했다.

2부는 주제톡톡으로 각자 선택한 프로그램에 참여하는 자유로운 일정이었다. 전반부, 후반부로 나눠 한 사람당 두 개의 프로그램에 70분씩 참여했다. 처음에는 각각 80분을 배정했는데 길어 보인다는 프로그램 운영자들의 의견과 1부와 점심시간의 지연으로 70분으로 줄였다. 하지만 웬걸, 길기는커녕 분위기가 좋고 나눌 이야기가 많아 80분을 넘기는 곳도 있었다. 스무 개가 넘는 곳에서 동시에 진행된 2부는 선택의 자유와 자연스러운 참여 모두 성공적이었다.

마지막 3부에서는 박성현 교사가 당일 촬영한 사진으로 송윤오 교사가 만든 영상을 보았다. 우리 모두가 하나가 된 순간을 담은 영상이 끝

:: 평가회에서 준비위원 모두가 모여

나자 좌중에선 박수가 절로 나왔다. 모두의 앞에서 여러 참여자가 자발적으로 행사의 소감을 발표해주셨다. 그들이 무대 위에 오른 건 발표자에게 준 책 때문만은 아닐 것이다. 그보다는 자신의 느낌을 남들과 나누고 싶은 욕구가 더 컸을 것이다.

　3부까지 행사가 끝났지만, 하이라이트는 이제부터였다. 이렇게 활력이 넘치는 행사에 참여하고 나면 그 효과가 며칠간 지속되다가 어느새 자취를 감춘다. 우리가 원하는 건 그 이상의 지속이었다. 일상으로 돌아가도 꾸준히 자극을 받을 수 있도록 관심사나 지역별로 모임을 만들 수 있는 자리를 마련했다. '교육 이야기'의 공식 일정이 끝난 뒤라 얼마나 남을까 했지만, 열 개가 넘는 모임이 자발적으로 만들어졌다. 이 광경을 보며 '교육 이야기'가 교육모임이나 학습공동체의 플랫폼이 될 수 있다는 가능성을 보았다.

행사장을 정리하고 근처 소공연장에서 평가회가 이어졌다. 이름은 평가회였지만, '교육 이야기' 참여자의 1/3이 모인 자리라 행사의 연장처럼 보였다.[5] 서로 못다 한 이야기를 나누고 격려하는 따스한 분위기가 이어졌다. 이 자리에서 뜨거운 유치 경합 끝에 '교육 이야기' 개최지가 광주로 결정되었다. 밤이 깊어지도록 우리의 수다는 끝이 보이지 않았다.

새로운 시작

다음날 운영위원들은 피곤한 몸을 이끌고 회의에 참석했다. 이번 '교육 이야기'를 준비하고 진행하면서 겪은 경험을 바탕으로 무엇을 이어가고 무엇을 바꿔야 할지 논의했다.

이번 '교육 이야기'를 운영하며 계속 재정이 부족했다. 참가비로 1만 원을 받았는데 식사비만 8천 원이었으니 크게 모자랄 수밖에 없었다. 게다가 어린이학교를 무료로 운영하고 평가회 참가비를 모두에게 걷지 못해 적자 폭은 더욱 커졌다.[6] 기존 『교사독립선언』 인세와 회원들에게 CMS를 받을 수 있다는 생각에 참가비를 최소화했지만, 감당하기 쉬운 지출은 아니었다. 안정적인 재정 운용을 위해 회원 수를 늘리는 방안을 찾는 한편, 회원에게 어떤 혜택을 줄 수 있을지 함께 고민했다.[7] 어느 정

---

5 평가회는 준비부터 유쾌한 진행까지 박대현 교사가 도맡았다.

6 회계를 맡은 이가현 교사는 '교육 이야기' 준비기간 동안 참여자 조건에 따라 달라지는 참가비를 하나하나 확인하며 통장을 붙잡고 지냈다.

7 실천교육교사모임 가입과 함께 CMS를 등록하려면 000쪽의 QR코드로 접속하시거나 실천교육교사모임 홈페이지(http://koreateachers.org/)에서 신청하면 된다.

도 회원 수를 확보한다면 '교육 이야기'의 질도 좋아지고 정기 간행물을 내거나 토론회를 개최하는 등 다양한 사업을 할 수 있을 것이다.

돌이켜보면 이번 '교육 이야기'가 남긴 유산이 참 많다. 회의록부터 일정표, 홍보물 등 30여 개의 기록물을 남겼다. 이전 '교육 이야기'가 남긴 문서가 한 편에 불과하다는 것을 감안하면 이후 '교육 이야기'는 준비하기가 훨씬 수월할 것이다. 또 행사를 준비하고 진행해 본 경험을 가진 사람이 몇 배로 늘어난 것은 문서보다 더 큰 자산이다. 마지막으로 이전 '교육 이야기'부터 지금까지를 가능하게 한 힘이지만, 전국에 기운 넘치고 열정 가득한 교사 및 다른 참여자들과 연결된 것은 다른 무엇과도 견줄 수가 없다.

'교육 이야기' 3회를 준비하고 진행하는 과정에서 정말 많은 분의 도움이 있었다. 항상 톡톡 튀는 아이디어를 주는 김재진 교사, 현수막과

명찰틀, 명함 등 디자인과 관련된 대부분을 제작하는 김차명 교사, 명찰을 편집하고 출력한 후 하나하나 손으로 잘라 보내준 이윤미 교사 모두에게 감사하다는 인사를 전한다. 그리고 행사 장소를 기꺼이 내어준 경남교육청과 연수원 직원들, 그리고 신청 시스템 개발과 촬영 및 기록을 도와준 에듀니티가 없었다면 준비 자체가 어려웠을 것이다. 또 2부 프로그램을 운영한 교사들과 자원봉사해준 교사들 덕분에 '교육 이야기'가 더욱 풍성해졌다. 마지막으로 전국에서 먼 거리를 마다치 않고, 휴식 시간을 내어놓으면서 '교육 이야기'에 온 참여자들이 있었기에 우리의 준비가 결실을 볼 수 있었다.

이외에도 수많은 분이 있지만, 기억력과 지면의 한계로 한 분씩 따로 말씀드리지 못해 죄송스럽다. 이 모든 분에게 감사의 인사를 드린다. 마지막으로 부족한 대표 때문에 고생하면서도 환한 웃음을 보이는 멋진 준비위원들과 함께할 수 있어서 무척이나 행복했다고 전하고 싶다.

지향수 사람. 세상. 교육. 세 가지가 주요 관심사다. 인간을 깊이 이해하려 노력하고, 인간이 사람답게 살아가는 세상을 꿈꾸며, 교육을 통해 그 토대를 구축하려 한다. 교실을 하나의 작은 사회로 보고, 학생들과 함께 시민으로 살아가며 행복한 공동체를 만드는 것이 곧 새로운 세상을 위한 실험이라고 믿는다. 현재는 잠시 학교를 떠나 사회학 공부에 몰두하고 있으며, 새로운 교육 제도를 구상하기 위해 여러 이론을 탐구하고 있다. 거창한 표현을 잔뜩 썼지만, 논문 하나 제대로 쓰지 못해 쩔쩔매는 것이 본모습이다.

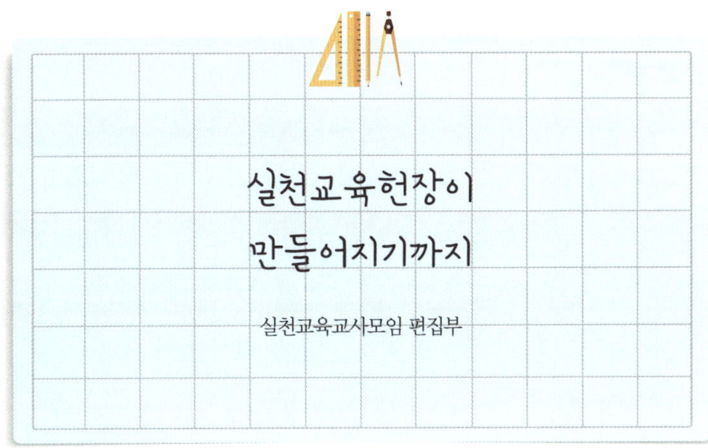

　'실천교육헌장'은 실천교육교사모임의 공식적인 목표이자 강령과 같은 것이다. 물론 이 모임의 특성상 이 헌장이 경전과도 같은 절대성을 가지는 것은 아니다. 그러나 처음 뜻을 같이한 수백 명 회원의 뜻이 모여서 만들어진 것인 이상, 앞으로 상당한 기간 동안 '실천교육헌장'은 실천교육교사모임의 길잡이 역할을 할 것이다.

　특히 실천교육헌장은 그 내용도 내용이지만, 이것이 만들어지는 과정이 이 모임의 성격을 잘 보여준다. 그런 점에서 실천교육헌장이 만들어지기까지의 과정을 살펴보는 것은 실천교육교사모임을 이해하는 데 매우 중요한 첫걸음이 될 것이다.

부럽기만 하던 캐나다 교원노조의
'공교육 헌장'

실천교육교사모임은 다양한 생각을 가진 교사들의 모임이다. 따라서 특정 성향이 아닌 '교육'을 고민하는 교사의 모든 경향성을 넓게 포괄하는 것을 원칙으로 하고 있다. 하지만 넓은 경향성을 가졌다는 것과 '교육'이라는 말만 들어가면 뭐든지 담아내는 것과는 다른 이야기다. 이 모임은 '좋은' 교육을 하기 위해 모인 단체지, 아무 교육이나 하자는 단체는 아니기 때문이다.

따라서 먼저 좋은 교육에 대한 보편적인 합의가 필요하고, 이를 위해 교사가 해야 할 역할, 교원단체가 해야 할 역할에 대한 어느 정도의 합의가 필요했다. 그리고 이 합의는 분명한 계약서의 형태, 즉 단체의 헌장이나 규약의 형태로 남아야 한다.

그렇다고 몇몇 활동가나 적극적인 회원들이 모여서 만드는 그런 헌장이어서는 안 된다. 가능하면 많은 회원이 헌장이 만들어진다는 사실을 알아야 하며, 헌장의 내용을 만들어가는 과정에 참여해야 한다.

세계 교원노조 운동의 모범으로 불리는 캐나다의 브리티시컬럼비아 주 교원노조(BCTF: British Columbia Teacher's Federation)의 '공교육 헌장'이 바로 이러한 과정을 겨쳤다. BCTF는 기존의 노동운동 방식으로는 변화된 환경의 교원운동을 이어갈 수 없다는 판단하에, 전문직 조합으로의 변신을 꾀하였고, 그 일환으로 공교육 헌장을 채택했다. 이 헌장은 500명 이상의 교사, 학부모, 교육행정가들을 심층면접 하여 교육이 어떤 것이라야 하며, 이런 교육을 이루기 위해 교사, 학부모, 교육행정가는 무엇을 해야 하는지에 대한 의견을 수렴하여 만들어졌다. 말하자면 이 헌장은 교육주체들의 사회계약과 같은 것이다.

BCTF의 공교육 헌장은 크게 세 부분으로 이루어져 있다.

첫 번째 부분은 교육, 특히 공교육의 의미와 그 역할을 정의하는 부분이다. 두 번째 부분은 그러한 공교육을 담당하는 교사로서 자신들이 어떤 책임을 질 것인지 약속하는 부분이다. 세 번째 부분은 그러한 약속을 지키기 위해 사회(정부, 학부모, 지역사회)에 대한 요구를 밝힌 부분이다.

우리도 한번 물어보자

실천교사들은 캐나다에서 할 수 있었으면, 세계에서 가장 수준 높은 교사들이라는 대한민국 교사들이 못할 리 없다는 데 뜻을 같이하였다. 그래서 실천교육교사모임의 발족식을 하기 전에 멋들어진 헌장을 만들어서 함께 발표하기로 중지를 모았다. 그리고 그 헌장을 만드는 방법 역시 몇몇 활동가가 모여서 운동권 각 정파의 주장들을 조율하는 구태의연한 방식이 아니라 회원 모두에게 공모하여 이를 수렴하기로 하였다.

더구나 실천교육교사모임은 캐나다 교원노조가 공교육 헌장을 만들던 당시에는 없었던 유용한 도구를 사용할 수 있었는데, 다름 아닌 구글 설문지였다. 이에 회장 명의로 다음의 세 문항을 물어보는 설문지(서술형)를 구글 설문지로 만들어 페이스북 그룹에 게시하고 자유롭게 의견을 제출하도록 하였다. 설문지는 다음과 같이 구성하였다.

우리가 바라는 공교육 선언을 위한 기초조사

안녕하십니까?

우리 '실천교육교사모임'은 교육학자의 이론, 교사의 실천 그리고 관료들의 정책이 분리된 우리 교육의 현실을 극복하고 교사가 교육실천을 중심으로 연구와 정책의 당당한 주체로 서기 위해 전국 각지에서 외롭게 실천하던 교사들이 모인 단체입니다.

교육의 변화를 바라는 목소리가 높습니다. 그러나 무엇을, 어떻게 해야 하는지 막막할 때가 많습니다. 더구나 막상 가르치는 교사들은 목소리를 내지 못하고, 교육이 이래야 한다, 저래야 한다는 설익은 정책의 실험 양이 되기 일쑤입니다. 이제 우리가 바라는 교육이 무엇인지 목소리를 모아봅시다.

이를 위해 먼저 교육에 관한 가장 기본적인 물음을 다시 던져봅니다.

이 생각들을 모아 함께 꾸는 꿈을 만들고 싶습니다.

그 꿈을 실현하기 위하여 어떤 노력을 해야 하는지 찾아보고 싶습니다.

아래 몇 가지 질문에 선생님의 생각을 덧붙여 주시면 귀하게 쓰겠습니다. 풍성한 논의를 위한 기초자료이기 때문에 선택형이 아니라 서술형이라는 점을 양해해 주시면 고맙겠습니다. 정해진 답은 없습니다. 생각나는 대로 마음껏 써주시기 바랍니다.

2016년 5월 3일
실천교육교사모임

1. 교육받은 사람이라면 그렇지 않은 사람과 뭐가 달라도 다를 것입니다. 그렇다면 교육받은 사람은 그렇지 않은 사람과 무엇이 다를지 자유롭게 서술해 주세요.

(이 물음은 응답자들의 교육관을 알아보기 위한 문항이다. 교육은 의도적인 학생의 변화이

기 때문에 변화된 학생의 모습을 물어봄으로써 교사들이 목표로 하고 있는 교육이 무엇인지 확인할 수 있다.)

2. 그렇게 다른 점을 가진 사람을 길러내기 위해 교사가 해야 할 역할이 무엇인지 자유롭게 서술해 주세요.

(이 물음은 응답자의 교직관을 알아보기 위한 문항이다. 이 물음의 응답들을 통해 실천교육교사모임 교사들이 되고자 하는 바람직한 교사의 상을 확인할 수 있다. 또 교사의 전문성을 바탕으로 하는 전문직 단체를 지향하는 실천교육교사모임이 약속하는 교직의 사회적 책무성의 내용을 이 물음에 대한 응답을 통해 제시할 수 있다.)

3. 선생님께서 그런 역할을 잘하기 위해 국가에 바라는 바가 있다면 무엇입니까?

4. 선생님께서 그런 역할을 잘하기 위해 교육청이나 교육감에게 바라는 바가 있다면 무엇입니까?

(위 두 물음은 응답자의 교육개혁관을 알아보기 위한 문항이다. 교육제도나 정책의 어떤 부분을 어떻게 바꾸고 싶은지 물어봄으로써, 실천교육교사모임이 장차 추구하게 될 교육개혁의 청사진을 어느 정도 그려볼 수 있을 것이다.)

5. 선생님께서 그런 역할을 잘하기 위해 전교조, 교총 등 교원단체에 바라는 바가 있다면 무엇입니까?

6. 선생님께서 그런 역할을 잘하기 위해 학부모에게 바라는 바가 있다면 무엇입니까?

(위 두 문항은 학부모들에게 요구하고 싶은 협조사항, 그리고 교원단체로서 실천교육교사모임의 방향을 찾기 위한 문항이다. 기존의 교원단체에 바라는 점, 그런데 그 단체들이 잘하지 못했던 점들이 바로 실천교육교사모임이 추구해야 할 교원단체의 지향점이 될 것이기 때문이다.)

이러한 목적으로 실시한 온라인 설문 조사에서 100여 명의 교사가 자발적으로 응답해 주었다. 선택형이 아닌 서술형 설문의 특성상 매우 높은 응답률이라고 할 수 있다. 이 응답들을 수십 페이지 분량의 워드 문서로 수합하였는데, 헌장을 수십 페이지로 만들 수는 없기 때문에 응답들을 비슷한 종류로 분류하는 작업을 실시하였다. 이 작업은 사회학 리서치에 익숙한 권재원 교사가 담당하였는데, 자주 반복되는 내용을 중심으로 자료를 정리하고 이를 선언문 형식의 문장으로 다듬음으로써 '실천교육헌장'의 초안이 작성되었다.

이렇게 작성한 초안은 인터넷을 통해 회원들에게 공개되었고, 약 2주 간의 의견 수렴 기간을 가졌다. 법률이나 시행령의 입법예고기간에 해당한다. 이 기간에 수합된 의견에 따라 초안을 수정하였고, 마침내 2016년 6월 18일 경상남도 창원에서 공식적으로 공포되었다.

이 헌장이 우리나라 교원단체들이 제정한 각종 헌장이나 강령과 뚜렷하게 구별되는 점은 다음 4가지다.

1. 교사들이 집단지성을 발휘하여 만든 최초의 사례라는 점이다. 어느 교원단체도 자신들의 강령을 회원 전체의 의견을 물어 작성하지 않았다. 먼저 안을 만들어 의결하는 절차를 거쳤을 뿐이다. 그러나 실천교육헌장은 초안이 만들어지는 과정에서부터 철저히 회원들의 의견을 수렴하였다.

2. 추상적이고 이념이나 가치 함축적인 내용이 많았던 기존 교원단체들의 각종 헌장, 강령과 달리 실천교육헌장은 매우 구체적이며 실천 지향적이다.

3. 실천교육이라는 이름에 맡게 단지 교육관을 밝히는 것에 그치지 않고 어떠한 교육 실천을 펼칠 것인지 분명히 밝히고 이를 약속하고 있다. 또한 이 단체가 교사들에게 어떤 역할을 할 것인지도 구체적으로 밝히고 있다.

4. 정부와 학부모에게 약속과 더불어 요구도 하고 있다. 즉 교사들이 사회에 이러이러한 것을 약속한다고 공언함과 동시에 이러이러한 점을 도와달라고 요구하는 형식을 취하고 있다. 약속과 요구, 이 두 축으로 이루어진 강령이나 헌장은 기존 교원단체의 것들에서 보기 어려운 점이다.

이제 이렇게 만들어진 실천교육헌장을 소개한다.

실천교육헌장

교육은 사회와 시민, 교육자와 학습자, 우리 세대와 미래 세대가 맺은 신성한 약속이다. 우리는 이러한 교육을 담당하는 교사로서 책임감을 자각하면서, 다음과 같은 책무를 다 할 것임을 약속한다.

| 우리의 약속 |

• 우리는 학생들이 존중하는 마음을 바탕으로 자신과 다른 사람들을 이해하고 성찰할 수 있는 사람으로 성장하도록 힘쓸 것이다.

- 우리는 학생들이 자율적이고 주체적인 삶의 계획을 세우고, 이를 강인한 의지를 가지고 실천할 수 있는 사람으로 성장하도록 힘쓸 것이다.
- 우리는 학생들이 자신과 다른 사람의 자유와 권리를 사랑하고 존중하는 사람으로 성장하도록 힘쓸 것이다.
- 우리는 학생들이 미적, 정서적, 문화적으로 풍요로운 삶을 영위하는 사람으로 성장하도록 힘쓸 것이다.
- 우리는 학생들이 사회적 책임과 의무를 알고, 사회 정의에 민감한 민주시민으로 성장하도록 힘쓸 것이다.
- 우리는 학생들이 자연의 아름다움을 느끼고, 자연환경을 보존하고 가꿀 수 있는 사람으로 성장하도록 힘쓸 것이다.
- 우리는 학생들이 다양성을 인정하고 여러 나라, 문화를 존중하고 이해하며 배울 수 있는 세계시민으로 성장하도록 힘쓸 것이다.
- 우리는 학생들이 장차 마주치게 될 도전에 능동적으로 대처하고 이를 위해 스스로 지식과 기능을 획득하고 조직할 수 있는 역량을 기를 수 있도록 힘쓸 것이다.
- 우리는 학생들이 타고난 존엄성과 재능을 존중받고, 만약 이것이 침해될 경우 이를 지키기 위해 힘쓸 것이다.
- 우리는 이상의 약속을 지키기 위해 필요한 전문성과 도덕성의 계발과 연마에 힘쓸 것이다.

이를 위하여 우리는 국가 및 지방자치 단체에 다음과 같이 요구한다.

- 교육을 정치적, 정파적, 경제적 이해관계의 눈으로 바라보지 말고, 100년을 내다보는 넉넉한 눈으로 바라보는 정책의 수립을,
- 교육에 대한 간섭, 통제, 지시보다는 학습자와 교육자가 교육의 주체임을 인정하고 이를 지원하는 역할에 충실하는 교육부와 교육청을,
- 교사는 교육자라는 점을 분명히 하고, 각종 정책사업, 공문서, 행정사무 등으로 교사가 교육에 전념하는 것을 방해하는 요인의 제거를,
- 교사가 마음껏 교육을 펼칠 수 있는 물적, 인적 자원을 제공하는 일에 전념하고, 장학이라는 이름으로 이루어지는 각종 통제와 간섭의 최소화를,
- 각종 비민주적이고 권위적인 관행과 제도를 철폐하고 학교에서부터 민주주의가 제대로 구현될 수 있도록 하는 법과 제도를,
- 교육이 아니라 행정을 담당하는 것이 승진이라는 잘못된 제도와 문화의 혁파와 교육에 전념하는 교사들이 존경받고 존중받는 풍토의 조성과 정착을,
- 학교 내 각종 비정규 교원 및 직원의 처우 개선과 필요한 인력을 모두 정규직으로 채용할 수 있는 물적 제도적 기반의 확충을.

이를 위하여 우리는 학부모에게 다음과 같이 부탁한다.

- 학부모가 교육의 수요자가 아니라 교사와 함께 학생을 책임지는 공동의 교육자라는 인식을 가져주시기를,
- 내 아이만 바라보지 않고, 다른 아이들을 포함한 교육 전체, 나아가 사회 전반에 대한 시각으로 교육에 참여해 주시기를,
- 교사에 대한 신뢰와 학교 교육활동에 대한 관심과 참여를 가져 주시기를,
- 학부모가 자녀의 가장 중요한 모범임을 인식하고, 자녀에게 학습을 강요하는 대신, 스스로 행복하고 보람 있는 삶을 살아가는 모습을 보여주시기를,
- 자녀의 이야기를 우선 들어주고, 공감해 주는 지지자, 격려자의 역할을 담당해 주시기를.

| 우리 단체의 역할 |

- 실천교육교사모임은 교육 실천을 공유하고 함께 성장하는 터전이 되는 전문적 네트워크다.
- 실천교육교사모임은 부당한 간섭과 억압에 맞서 교육의 독립성과 자율성을 지키고, 교육 현장의 목소리가 교육 정책에 반영되도록 힘쓰는 구심점이다.
- 실천교육교사모임은 현장에 기반한 탄탄한 연구를 기반으로 실천 교육학을 창출하는 연구의 터전이다.
- 실천교육교사모임은 단체장이나 일부 인사들의 뜻이 아니라 합의된 교육공동체의 뜻에 따라 움직이는 민주적인 합의체다.

• 실천교육교사모임은 자발적인 참여와 자유로운 활동을 보장하는 자율적인 공동체다.

• 실천교육교사모임은 학생, 교사, 그리고 학교에서 일하는 모든 이들의 존엄성과 권리가 존중받도록 노력하는 보루다.

2016년 6월 18일
실천교육교사모임 회장 정성식 외 회원 일동

헌장이 담지 못한 이야기들

어떤 조직의 강령이나 헌장은 지나치게 길지 않은 것이 좋다. 가능하면 구성원들의 뜻을 가장 많이 포괄할 수 있도록 간결하면서도 보편적인 몇 개의 명제로 이루어지는 것이 가장 좋다. 그러다 보니 설문결과 들어온 수많은 응답 중 이미 헌장에 채택된 내용과 중첩되지 않지만, 아깝게 헌장에는 포함되지 않은 것이 적지 않았다. 그 중 몇 가지를 여기에 소개하여 그 애석함을 달래고자 한다.

교육관

- '교육받았다'라는 것의 의미부터 논의 필요. 교육받은 사람은 어떤 사람인가요?
- 삶을 대하는 자세가 다르지 않을까요? 일단 배움이 즐겁고 삶에 대

한 의지가 있고 자신이 행복하다고 생각할 것 같아요. 교육하는 이의 따뜻한 사랑의 눈빛을 경험했으니까요.

- 교육을 받았다는 것은 도덕성으로 무장한 견고한 정신을 가진 시민이라고 생각합니다. 최소한 자기 양심을 속이지 않는 도덕적 기준이 있어야 배려도 리더십도 빛날 테니까요.

- 어떤 교육이냐에 따라 다르겠지만, 좀 더 논리적인 관점이 생기지 않을까 합니다. 어찌 보면 학교에 다니시지 않은 노인분들을 보면 자신의 삶의 경험으로 지혜와 타인과 어떻게 어우러지는지에 대한 부분은 훨씬 높은 경우도 많죠. 교육받은 사람은 그런 것들을 논리적으로 풀어내는 것을 효과적으로 할 수 있다는 것과 다양한 관점에 개방적이라는 수 있다는 것이 조금 다르지 않을까 합니다.

- 가정교육도 교육이고 홈스쿨링도 교육인데… 요즘은 의지만 있다면 누구나 지식은 책을 통해 배울 수 있고 관계 형성도 사회생활을 통해 직접 배울 수 있는데요. 갑자기 학교가 정말 필요한 곳인지 의문이 드네요. 교육의 차이가 아니라 의지의 차이만 있을 것 같습니다.

- 교육받은 사람은 희망에 충실한 삶을 살 것이고, 교육받지 못한 사람은 욕망에 충실한 삶을 살 것이라 생각합니다. 자기조절을 할 수 있느냐, 사회적 행동을 할 수 있느냐, 감사할 줄 아느냐 등등이 그 기준이 될 듯합니다.

교사가 할 일

- 넓은 세상을 함께 보고 깊은 대화를 함께하고 아름다움을 함께 찾고 지켜야 할 도리와 역사적 책무성 앞에서 당당한 모습을 보여주는 역

할 모델.

-질문을 하고 질문을 받을 수 있어야

-삶에 대해 따뜻한 시선을 가진 사람

-적극적인 사회 참여를 통해 공동체 내에서 자신의 정체성을 확립하려는 자발적 노력

-함께하는 즐거움과 힘을 알게 하는 것

-마음에 불을 지피는 선동자 혹은 그런 삶을 보여주는 사람이어야 한다. 공부라는 틀을 벗어나 그 아이의 성격과 기호, 약점과 강점 등을 종합 고려하여 부족한 부분을 스스로 채워 나가고 무언가를 지향할 수 있도록 늘 세심하게 살피고 자극을 주어야 한다.

-무엇보다 교사 스스로 즐거워야 한다. 그리고 재미있는 교사면 더 좋고.

-가르치려 말고 기다리며 배우도록 하자

-교사 자신의 인간에 대한 깊은 이해와 애정이 선행되어야 한다고 봅니다.

국가에 바라는 점

-전시성, 면피성 지시하달 좀 하지 마라. 세월호는 기성세대가 잘못하여 어른이 될 기회조차 박탈당한 청소년이 수장된 사건인데 왜 학교에다 안전교육 몇 시간, 수영 몇 시간, 이런 식으로 요구하나. 학교가 만만한가.

-국가수준의 세세한 교육과정과 하루일과를 과목으로 쪼개어 입력하길 바라는 형식주의에서 벗어나게 해주십시오.

- 성과, 줄세우기식의 교직 사회 시스템 구축보다는 자유롭고 창의적인 운영을 할 수 있는 장을 마련, 과거와 달라진 위상에 적합한 보상책 마련! 예를 들면 과거의 스승은 이름만으로 존경의 대상이자 명예 만으로의 만족이 있었으나 지금의 시기에도 동일하게 강요하는 것은 적절하지 않다고 생각한다.
- 교사의 임용고사 평가 방법이 달라져야 한다고 생각한다. 적어도 배점이나 항목에서라도 조정이 필요하다고 생각한다. 잘 아는 것을 평가하는 것이 아니라 잘 가르치는 것을 평가해야 한다고 생각한다. 자기만의 티칭 노하우를 계발할 수 있는 사람을 교사로 뽑아야 한다. 공부만 잘하기 위해 수많은 경쟁에서 이기도록 훈련받은 교사들이 학교 현장에서 또 다른 경쟁을 야기한다.
- 특히 중등에 너무나 많은 기간제 교사의 처우문제에도 각별한 관심을 가져주길 바랍니다. 그리고 여전히 대부분의 학교에서 벌어지는 비민주적 운영과 구시대적 관리자들의 행태들로 힘들어하는 수많은 평교사에게 눈을 맞춰 주길.
- 지역 교육청은 점차 없애는 것이 좋고, 도교육청은 교사들의 소양교육과 행정지원이 우선인데, 승진과 얽힌 현재 구조에서 가능할지….
- 이상한 행사나 개념을 만들어 학교 현장에 '일괄적으로' 실시하라고 하지 말았으면 좋겠습니다. 좋은 걸 알려주는 건 좋지만, 권고나 지원에 끝나야지 강요하는 순간 대충대충 전시행정 하게 됩니다

교원단체에 바라는 점

- 전교조, 좀 더 세심해지고 따뜻한 연대

- 전교조는 무식하게 힘으로 하지 말고, 교총은 아이처럼 삐지지 말고, 두 단체 모두 고무줄과 같은 잣대로 일을 처리하지 않았으면
- 단체장 개인 의견은 내려놓고 합리적으로 의견수합 절차를 거친 뒤에 단체 입장을 표명했으면 한다. 특히 연령대별로 고르게 의견수합 되었는지 여부를 매 의견수합마다 공개했으면
- 조직의 이익보다는 합의된 교육공동체의 시각을 가질 수 있기를 바라봅니다.
- 전교조가 대정부 투쟁 물론 해야 되지만 대한민국의 교사문화를 조금 더 학생 지향적이고 승진 따위 염두에 없이 오직 학생들만을 생각하며 가는 교사들에게 뭔가 직접적인 위로와 힘이 될 수 있으면 좋겠다.
- 각자의 철학에 의해 선택된 집단이다. 모든 교사 또는 교직원 전체를 대변하고 있다는 생각은 버려라. 단체가입 교사들만 대변하고 그 이상의 오지랖은 버리길.
- 아휴~ 교원단체에 뭘 바랍니까?
- 교원단체 사람들이 모범 보이기
- 지도부의 결정으로 현장을 혼란시키지 말고 현장의 목소리에 귀 기울여 들어주는 것
- 전교조, 교총 모두 정치색이 강하여 서로 인정하지 못하는 점, 자신들만이 제대로 하고 있다고 하는 점으로 더 이상 바라는 점은 포기

학부모에게 바라는 점
- 책임 있는 가정교육, 교권 존중, 진로와 학력관 변화

- 당장의 성적이나 자기 자식 감싸기에만 시선을 고정시키지 마시고, 자녀를 둘러싼 환경인 사회 전반을 보는 시각을 가지시면 결국 자녀가 살아갈 사회 전체가 어떻게 나아가야 할지 보이지 않을까 싶습니다. 선생님은 자녀의 올바른 성장을 돕고자 합니다. 믿고 손잡아 주세요.
- 사회에 관심을 가지고 행복이 무엇인지 성찰하며 아이들이 어떠한 상황인지 어떠한 생각을 무의식 속에 배우고 있을지를 생각해주세요. 그리고 더 나은 아이들의 미래와 우리 사회에 대해 교사와 함께 고민하고 목소리를 내주세요.
- 학부모님은 학교에 바라는 것이 단순하다 생각. 내 자식이 다른 애들과 비교해 차별 없이 공부 열심히 하나...그러나 그게 말처럼 쉽지가 않다는 것. 모든 것이 얽혀 만들어낸 문제를 아이들은 고스란히 품고 있고 학교는 일부인데 학교서 모두 해결하려는 생각. 단지 학교와 관련이 있으니 실마리를 거기서 찾는다는 생각. 학부모는 학교가 어떤 곳인지 처음부터 생각할 필요가 있음. 부모가 귀찮아하는 것을 위탁하는 곳은 아닌 듯.
- 바라는 바는 너무 많으나, 현시대 상황은 바라고 요구하기보다는 교사의 실천과 모범으로 보여야 할 때이다. 일부 언론의 편파보도에 휩쓸려 편견으로 보지 않고 내가 직접 겪은 것으로 판단하길. 그러기 위해서는 내 자녀의 학교생활을 조금 더 관심 있게 지켜보기를.
- 무엇보다 아이가 존재하는 것 자체만으로도 감사해야 한다.
- 자녀가 잘못했다고 하면 인정하길
- 내 아이만을 위해 학교가 존재하는 듯한 태도, 경쟁에서 이기려고만

하는 태도, 쉽고 편한 것만을 하게 하는 태도, 힘들고 어려운 것은 시키지 않으려는 태도가 아닌 학교를 믿고 학교와 함께 문제를 해결하려는 태도를 바랍니다.

- 학부모가 신뢰하지 않는 교사를 학생이 믿고 따를 리 없습니다. 교사는 학생을 길어봐야 1년 동안 관찰할 수 있습니다. 1년 관찰의 결과를 소중한 자료로 삼아 발견되는 문제의 해결책을 찾는 데 쓰시길 바랍니다.

- 아이의 문제 행동을 제대로 보고 가족 모두 치료를 받으면 좋겠음, 계속적인 이상행동을 하는 비합리적인 교사와 학생들을 피하지만 말고 당당하게 고쳐줄 것을 요구하시라. 그리고 신뢰할 수 있는 교사라면 맘껏 신뢰하시라. 제대로 된 부모교육을 통해 부모로서의 교육관을 정립하시면 좋겠음

- 교사를 교육 전문가로 신뢰하고 교육적 사안이 발생할 때 시민의 한 사람으로서 공화주의적 입장에서 자신의 문제라 하더라도 객관화할 수 있어야 한다. 이때 필요하다면 교육 전문가로서의 교사에게 조언을 구하는 자세가 필요하다.

- 옆집 엄마에게 기대지 마세요.

2부

교육톡톡

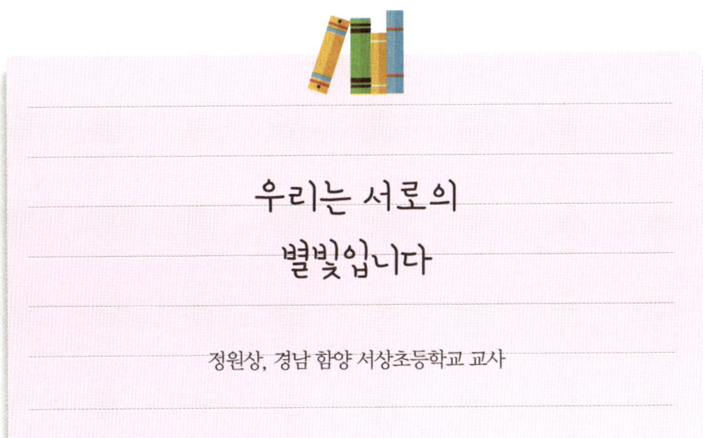

기억에 남는 선생님

내 인생에서 기억에 남는 선생님을 뽑으라고 한다면 몇몇 뽑을 수 있겠지만, 그중에서도 가장 기억에 남는 선생님이 있다. 그분은 바로 초등학교 5학년 때 담임선생님이다. 당시 선생님은 신규 발령을 받은 지 몇 년 안 되어 내가 다니던 함양초등학교로 발령받아 오셨다. 학기 초 여러 가지 사건 사고로 선생님을 힘들게 했던 기억도 있고, 재미있는 이벤트로 오랫동안 남은 멋진 추억도 있다. 그중에서도 아직 머릿속에 생생하게 떠오르는 장면이 있다.

밤하늘을 수놓은 수많은 별빛, 머리 위로 쏟아질 듯한 별빛은 시골 마을에서 쉽게 볼 수 있는 풍경 같지만, 언제나 그런 것은 아니었다. 가로등 불빛이 적은 공터로 나가 하늘을 한참 바라보아야 평소에 숨어있던 작은 별빛들이 그때서야 허전한 여백을 채우고 별빛으로 가득 찬 밤하늘을 보여줬다. 처음 보았던 멋진 밤하늘은 우연으로 본 것이 아니었다. 선생님께서 별자리 관찰을 위해 학교 뒤 공터에 텐트를 치고 저녁 시간마다 아이들을 불러 모아 일주일 동안 별자리 관찰수업을 한 덕분이었다. 밤에 손전등을 들고 술래잡기도 하고 밤하늘 별자리도 관찰하며 잊지 못할 초등학교 때의 추억을 만들었다. 밤하늘의 아름다운 별빛만큼이나 그때의 기억도 아름답게 남아있다.

아이들과 눈높이를 함께했던 선생님, 아이들 하나하나의 말에 귀 기울여 주셨던 선생님, 교육활동에 열정을 쏟으셨던 선생님, 그런 선생님과 함께 시간을 보내서 참 감사하고 행복했다. 그렇게 좋은 추억을 가지고 난 중학생, 고등학생이 되었고 교대에 들어가게 되었다.

첫 발령, 첫 시작

대학 4년의 시간을 지나고 2008년에 첫 발령을 받았다. 간절히 원해서 들어간 교대는 아니었지만, 선생님이 된다면 어릴 때의 선생님처럼 아이들과 함께 멋진 추억을 만들고 이야기를 나눌 수 있는 선생님이 되고 싶었다. 첫 발령은 그렇게 기대와 설렘으로 출발했다.

나의 첫 제자들은 6학년 아이들이었다. 그리고 지금의 별명인 '양송이샘' 또한 첫 제자들이 붙여준 것이다. 아이들은 내 덥수룩한 머리를 보고 양송이버섯을 닮았다고 하며 양송이샘이라 불렀다. 나도 그렇게 불리는 것이 친근감이 있어 나쁘지 않았다. 아이들과 가까워진 3월 한 달

동안은 학교와 우리 반에 무리 없이 적응해가는 듯했다. 하지만 문제는 3월 말쯤부터 시작되었다.

3월 동안은 잘 드러나지 않았던 교우관계에 문제가 있었다. 처음 불거지기 시작한 것은 왕따 문제였다. 왕따를 시키는 아이들이나 당하는 아이나 서로에게 상처 주는 말과 행동을 쉽게 했다. 그러다 보니 문제는 해결될 기미를 보이지 않고 갈등의 골은 점점 더 깊어만 갔다. 이와 더불어 갈등 해결에 미숙한 나로 인해 왕따 문제는 날이 가면 갈수록 복잡해져만 갔다. 해결하려고 하면 할수록 또 다른 문제를 가져왔다. 어설프게 해결하려고 하면 할수록 아이들과 나와의 감정 대립이 심해졌다. 아이들과의 갈등을 원만하게 해결하고 싶었다. 하지만 그 길은 쉽게 보이지 않았다.

문제 해결을 위해 초등 인디스쿨이나 주변 선생님들의 조언을 들으며 다양한 방법으로 노력해보았다. 하지만 어찌 된 일인지 성공적이었다던 지도법들은 나를 거쳐 우리 교실에 적용되는 순간 알 수 없는 문젯거리를 또 만들었다. 내가 잘못 이해하고 적용을 한 것인지 아이들의 문제인지 알 수 없는 물음표만 가진 채 계속되는 실패로 나는 점점 지쳐갔다. 지쳐가는 마음 위로 여학생끼리의 갈등, 남학생과 여학생의 갈등, 학부모끼리의 갈등으로 더해져가는 무게는 더 이상 일어나기 힘들 정도로 나를 무기력하게 만들었다.

첫 발령의 설렘과 기대는 이제 더 이상 떠오르지 않았다. 내가 진로를 잘못 선택한 것은 아닌가 하는 의문만 떠올랐다. 나와 어울리지 않는 길이고 그로 인해 아이들이 고통받는 것은 아닌가 하는 자책을 하기도 했다. 어설펐던 나의 설익은 지도로 상처받았을 아이들을 생각하면 마음이 아프고 미안했다. 더 이상 미안한 일은 하고 싶지 않았다. 이렇게 발령 반년 만에 위기가 찾아왔다.

좌절의 극복, 새로운 도약

교직 생활에 회의감과 좌절감을 느낄 때 다행히도 동학년 선생님의 존재는 큰 위로가 되었다. 그중 교무부장을 겸하셨던 6학년 부장 선생님께서는 나의 어려움을 잘 알고 계셨고 중간중간 내가 마음을 추스를 수 있도록 이야기를 들어주시고 용기를 북돋워 주셨다. 선생님께서는 상담을 전공하셨는데 나의 불안한 마음을 해소할 수 있게 인생의 새로운 목표를 정해주셨다. 내가 좋아하고 잘할 수 있는 그림 그리기와 관심을 가지고 있는 이야기 만들기를 통해 그림책 작가라는 새로운 인생목표를 설정할 수 있게 해주었다. 교직의 길과는 직접적으로 관련이 없는 새로운 인생목표가 과연 교직 생활을 해나가는 데 어떤 힘이 되었을지 의문이 들 수도 있지만, 그렇지 않았다. 새로운 목표가 생기고 목표를 위해 하나하나 공부를 해나가다 보니 즐거움이 생겼고, 만족감이 생겼으며, 자신감도 생겨났다. 그동안의 일들로 약해져 버린 나의 마음이 그림을 공부하고 그림책을 공부하면서 차츰 회복되는 것을 느꼈다. 물론 아이들과의 관계는 제자리걸음으로 평행선을 그리며 나아가고 있었지만, 예전처럼 학교 생각에 사로잡혀 무기력하게 있지는 않았다. 교사인 내가 안정이 되니 교실이 차츰 안정되는 것 같은 느낌도 들었다. 그렇게 시간이 흘러 미안함과 부끄러움을 남긴 채 첫 제자들을 졸업과 함께 떠나보냈다.

첫해가 지나고 2년 차, 3년 차가 되면서 차츰 학교생활과 학급운영은 그럭저럭 해나갔지만, 아직도 떠나지 않는 물음이 있었다. '과연 나는 교사에 어울리는 사람인가?' 첫해의 미숙함을 이겨내고자 학급운영에 대해 찾아보기도 하고 연수도 들으면서 큰 문제 없는 학급의 담임으로 생활하고 있었지만, 여전히 교사가 되기엔 아직도 뭔가 부족한 것 같았다. 어릴 때 아름다운 별빛의 밤하늘을 보여주셨던 선생님과 나의 모습은 많이 달라 보였다. 그러던 중 고향인 함양으로 오게 되었다. 운이 좋은 건지 나는 적절한 시기에 꼭 필요한 사람들을 만났다.

함양에는 오래전부터 어린이 연극을 만드는 교사 극단 모임인 '문화모임 광대'가 있었다. 나는 자연스럽게 교사 극단에 들어갔고 그곳에서 참 좋은 선생님들을 만났다. 물론 극단이 아닌 학교 안에도 좋은 분이 많았지만, 시골 아이들을 위해 십여 년이 넘도록 바쁜 시간을 쪼개 아동극을 만들어 오셨던 선생님들이었기에 아이들을 위한 순수한 열정과 마음을 느낄 수 있어서 좋았다. 연극을 만드는 일이 결코 쉽지 않았지만, 오랜 시간을 함께하며 학교에선 나눌 수 없던 깊은 대화와 고민도 나눌 수 있는 의미 있고 가치 있는 시간이었다.

무엇보다 그동안 나는 다양한 수업 기법이라든지 교과서에 있는 내용을 정확하게 아이들에게 학습시키는 것이 교육이라고 생각했는데, 그보다 더 중요한 것은 아이들의 마음을 이해하고 공감하며 아이들을 위하는 것이 교육에 더 가깝다는 사실을 느낀 시간이었다.

나의 개인적인 인생 목표설정과 함께 아직은 희미하지만 길을 찾은 듯한 교육 목표설정, 이 두 가지는 내가 다시 힘차게 교직의 길을 걸어갈 수 있게 하는 밑거름이 되었다.

우리 함께

　　　　　　신규 때 여러 가지 학습법이나 학급운영을 보고 따라 해보며 들었던 의문은 '왜 내 교실에선 제대로 안 될까?'였다. 지금 와서 생각해보면 교육이란 그렇게 단순하게 일반화될 수 없는 것이 아닐까 싶다. 단순한 수업내용이나 과정을 공유하기는 쉽지만, 아이들 개개인의 특성과 가정환경의 차이, 학교 문화의 차이 등이 있는 상황에서 모든 것이 똑같이 적용될 수 없는 것이 오히려 당연했다.

　그리고 그것은 교사의 특성과도 밀접한 연관이 있었다. 교사도 자신에게 맞는 수업방식과 학급운영 방식이 있다. 여러 선생님의 책이나 인디스쿨 등에서 다양한 수업과 학급운영 성공사례를 보고 자기 학급에 적용해보려고 해도 교사의 특성에 맞지 않는다면 그것은 어설픈 흉내 내기밖에 되지 않아 교사도 학생도 힘든 상황이 될 수 있었다. 그래서 내린 결론은 바로 지금 우리 반의 학생의 특성과 가르치는 교사인 바로 나 자신의 특성을 이해하고 학생과 교사에게 가장 잘 맞는 수업과 학급운영을 하는 것이 최고의 방법이라고 결론지었다. 전국의 학교뿐만 아니라 바로 옆 반의 교실문화도 다른 까닭에 직접 자신의 교실에 대해 연구를 하는 것이 필요하다고 생각한다.

　그리고 그 연구에 도움을 주고받으며 함께할 사람은 유명한 스타 선생님들만이 아니다. 어두운 밤하늘 속에서 처음엔 숨어서 잘 보이지 않았던, 하지만 밤하늘을 가득 채우고 있었던 작은 별들…. 바로 우리 주변의 평범한 선생님들이라고 생각한다. '평범하다'라는 단어를 사용했지만, 사실은 결코 평범하지 않다. 드러나진 않지만, 아이들을 위한 마음으로 묵묵히 최선을 다해 교육활동을 하시는 훌륭한 선생님이 많다.

이런 주변의 선생님들과 함께 연구하고 공유하는 문화를 만들어 간다면 교직 문화는 더욱 발전하지 않을까 하는 생각을 해본다.

　실천교육교사모임은 비슷한 생각을 가진 전국의 선생님들이 모여 이야기를 공유할 수 있는 장이다. 유명하든 유명하지 않든 누구나 자신의 이야기를 할 수 있는 장이고 나와 관심 분야가 같은 사람을 당장 옆에서 찾기 힘들 때 전국 단위로 관심 분야를 연결 지어 줄 수 있는 네트워크이다. 이러한 네트워크의 힘은 크다. 나도 콘텐츠 제작 모임인 참쌤의 콘텐츠 스쿨 1기에 참여하며 전국의 그림 그리는 선생님들과 함께 모여 연구하고 자료를 공유하다 보니 혼자서 하는 것보다 훨씬 더 쉽고 빠르게 발전한다는 것을 느꼈다. 그래서 전국에 있는 많은 실천 의지를 가진 선생님들이 실천교육교사모임을 통해 모이고 이야기를 나누며 네트워크를 형성하여 각자의 지역과 학교에서 살아있는 교육, 아이들이 행복한 교육으로 한 발을 내디뎠으면 좋겠다. 나도 아직 걸음마 단계이지만, 주변의 선생님들을 통해 많이 배우고 내가 나눌 수 있는 것도 함께 나누며 앞으로 한 발 한 발 나가보려고 한다.

우리는 서로의 별빛입니다

　　　　　함양의 작은 시골 동네에 살다 보니 어릴 때 아름다운 별빛 하늘을 보여주셨던 선생님과 나는 지금 같은 학교에서 근무하게 되었다. 그것도 벽 하나를 두고 바로 옆 교실이다. 예전이나 지금이나 변치 않은 선생님의 모습을 보며 다시 한 번 반성하고 배우게 된다. 여전히 아이들 중심이며 아이들 눈높이에서 아이들을 생각하며 교육활동을 해나가는 모습에서 반짝반짝 빛나는 빛을 보았다.

우리 주변엔 평범한 교사가 많다. 하지만 그런 평범한 교사들이 각자 그 자리에서 교육자로서 빛날 때 별빛이 아름다운 밤하늘을 만들 듯 우리 교육문화를 아름답게 만들 것이라고 믿는다.

정원상 경남 함양 작은 시골 마을에서 태어나 자라다가 진주교육대학교를 졸업하고 현재 고향에서 초등학교 교사 생활을 하고 있다. 어린이들을 위한 콘텐츠 제작에 관심을 가지고 진주교육대학교 어린이문학창작과에서 그림책 창작을 공부하고 있으며, 교사 극단 '문화모임 광대'에서 아동극 배우로 활동하며 아동극 창작과 어린이 연극 지도에 힘쓰고 있다. 그리고 '참쌤의 콘텐츠스쿨'에서 학생뿐만 아니라 교사들을 위한 콘텐츠 제작에도 기여하고 있다. 앞으로 이야기를 담은 그림으로 어린이들과 교사들에게 많은 이야기를 전하고 싶다.

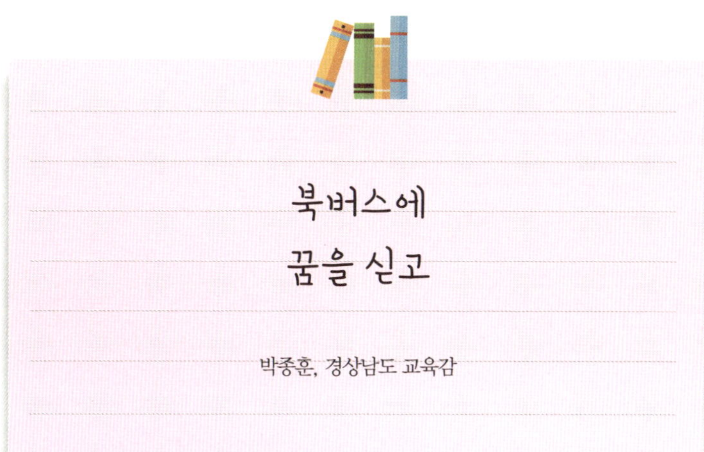

학교에서 교사로 근무하던 때에 2000년과 2001년 이태에 걸쳐 학교 도서관 업무를 담당했습니다. 학교도서관을 활성화하기 위해 나름대로 몸부림치며 노력한 덕분에 도서관에 아이들이 몰려오는 것을 체험하면서 경상남도 내 전 학교의 도서관을 이렇게 만들고 싶다는 생각을 하였습니다.

2002년도에 경상남도 교육위원 선거에 출마해서 8년 동안 교육위원으로 활동을 하였습니다. 2010년에 『박종훈, 도서관에서 길을 나서다』라는 책을 쓰고 그 해 교육감 선거에 출마했지요. 하지만 떨어

지고 말았습니다. 참 막막했습니다. 선거에 떨어져 본 경험이 있는 사람은 알 것입니다. 학창시절 반장선거에서 떨어져도 마음이 상하잖아요. 교육감 선거에서 떨어지고 나니 정신적으로도 경제적으로도 황폐해지더군요. 창원에서 살던 아파트를 정리하여 빚을 갚고 시골로 들어갔습니다.

어제, 그 시골집(제가 별장이라고 부르는) 사진을 찾아보았습니다. 기억 속의 모습과는 달리 초라해 보이는 것이 많더군요. 그중에서 운치 있는 사진 몇 장을 골라 보았습니다.

아래 두 사진이 여름 별장, 겨울 별장의 모습입니다. 차를 마실 수 있는 탁자도 있지요. 눈이 엄청나게 왔던 어느 날 새벽 밖에 나와 이렇게 찍어 보았습니다. 늦가을에 군불을 때면 굴뚝으로 연기가 퐁퐁 나오기도 하던 집이었지요.

혼자 이렇게 지내는 시간이 많으니 적적할 거라고 하면서 지인이 데려다 준 강아지 두 마리는 한참을 같이 살다 보니 대화가 가능해지더군요. 의사소통의 수단이 단지 언어만은 아닌 모양입니다.

무얼 해도 대충 하고 넘어가는 성격이 못되는 탓에 놀고 있는 땅 서너

평을 밭으로 만들었는데 제법 많은 종류의 작목들을 심었습니다. 방울토마토, 가지, 오이, 고추를 심었는데 한 작물은 실패하고 나머지 작물은 성공했습니다. 어느 작물이 실패했을까요? 초보 농사꾼에게는 고추가 가장 어려운 작물이었습니다. 고추는 붉은 고추를 한 개도 수확하지 못하고 풋고추만 몇 개 얻어먹고 말았습니다.

키우던 닭이 사진처럼 저렇게 알을 낳아주면 얼마나 보람이 있던지요. 아내와 둘이서는 다 먹지도 못할 만큼 알을 낳아준 덕에 가끔씩 지인들에게 나눠주면 고맙다는 인사를 듣는 재미가 쏠쏠하였습니다.

시골생활에서 저를 가장 힘들게 한 건 '뱀'이었습니다. 때와 장소를 가리지 않고 뱀이 나타나는 통에 처음엔 혼비백산했으나 그것도 익숙해지지 인증사진을 찍을 정도가 되더군요. 제법 값나가는 녀석이라는 것을 나중에 전문가의 조언으로 알았습니다.

가끔씩 찾아오는 손님들과 그루터기에 앉아서 차를 한 잔 마시면 '이것이 안빈낙도구나' 하는 생각이 저절로 들었습니다. 그러면서도 '내가 여기서 이러고 있어도 되나?' 하는 생각이 들었고 이래서는 안되겠다는 생각에 가만히 있을 수가 없었습니다. 뭐랄까? 도민들과 학부모님, 우리

아이들의 사랑을 8년씩이나 받았는데 무엇으로 보답할까 고민하다 이동도서관을 운영해 보자는 생각을 했습니다. 학교도서관에서 출발했으니 내가 갈 길도 도서관이라는 생각을 했던 거지요.

가장 먼저 1종 대형면허증을 땄습니다. 그런데 버스를 구할 수가 없었습니다. 새 버스는 엄두도 못 내고 도서관에서 10년을 쓰고 공매하는 차를 찾아 헤매다가 수원 근처에서 맞춤한 차를 발견하고는 데리고 내려왔지요. 순천도서관에서 10년 동안 이동도서관으로 이용하다 처분한 버스더군요.

먼저 바탕색을 하얗게 칠하고 난 후 다음 칠을 해야 한다고 해서 어느 정비소의 도움을 받아 흰색으로 도색을 하였고, 차량 외관 디자인 도색은 경남대학교 미술교육과 학생들의 자발적인 지원을 받았습니다. 그럴싸한 숲속 이동도서관의 외관이 완성되기까지 페인트값 30만 원만 들었습니다. 자동차 겉을 디자인하는 랩핑 작업을 제대로 하려면 500만 원이 든다는데 적은 금액으로 멋지게 랩핑까지 마무리되었으니, 많은 사람의 덕을 본 셈입니다.

차는 준비되었는데 어디로 가야 할지를 모르겠더군요. 사람이 있는

곳으로 가야 하는데 사람 있는 곳을 찾는 것이 생각보다 쉽지 않았어요. 한참을 망설이다 도내 축제의 현장을 떠올렸습니다. 경상남도 안에서 열리는 축제에 대해서는 제가 가장 잘 알고 있다고 생각합니다. 모든 축제의 기간과 성격에 대해 완벽하게 공부를 했거든요. 그러고는 처음으로 출동한 곳이 마산 내서 마을축제였습니다. 떨리고 설레는 마음으로 축제장으로 갔는데 너무 일찍 출동을 하는 바람에 혼자서 두 시간을 기다려야 했습니다. 버스 초보 운전의 어려움도 감수하며 기대를 안고 갔는데 사람이 아무도 오지 않을 때의 당혹감이란 겪어보지 않은 사람은 모를 것입니다. 초조함과 설렘이 교차하는 가운데 한참을 기다린 끝에 드디어 사람들이 오기 시작했습니다. 점심 시간이 다 되어서야 오는 사람들이 그렇게 반가울 수가 없었습니다.

그렇게 축제 곳곳을 버스로 누비고 다녔습니다. 축제장에 버스를 몰고 가면 대개는 반겨주었습니다. 주최측에서도 축제의 품격을 높여준다며 환영하고 심지어 가장 좋은 곳에 자리를 내어주기도 하였습니다. 함안에 있는 강나루 오토캠핑장에서는 이동도서관을 이용한 도민들이 삶의 질이 높아졌다며 좋아했을 뿐만 아니라 저까지 힐링을 하며 시간을

보내기도 하였습니다. 물론 모두가 그런 것은 아닙니다. 책장사로 오해받고 쫓겨나 한적한 곳에 차를 대고 눈물을 흘렸던 적도 있으니까요.

버스 내부는 좁지만 말 그대로 작은 도서관입니다. 탁자를 가운데 두고 양쪽으로 어린이 책 1,200권, 어른 책 1,000권 정도 싣고 다녔습니다. 빔프로젝터와 스크린이 있어서 가끔씩은 영화를 같이 보기도 했지요. 놀이도구를 싣고 다니기도 했습니다. 이동도서관에 오는 것이 즐거워야 찾는 발걸음이 많을 거라는 생각에서였습니다. 어린이 손님을 위한 것이었는데 의외로 어른들이 더 좋아하더군요.

이동도서관도 나름 문을 열고 닫는 시간이 있답니다. 그런데 문을 닫

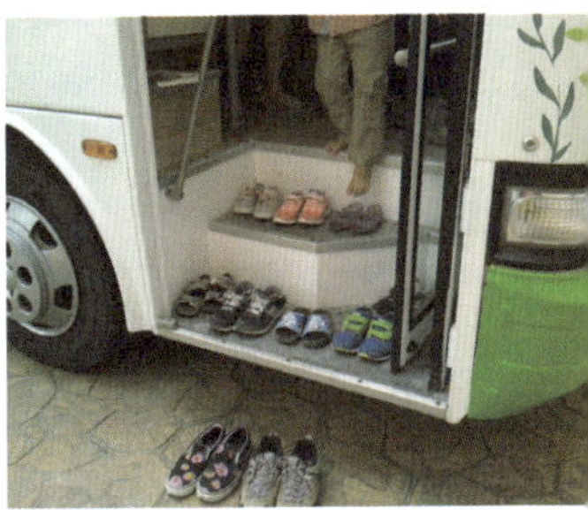

을 수가 없어 당황스러웠던 적이 있었지요. 주남저수지 철새 축제 때였어요. 엄청 추운 날이었는데 엄마와 아이가 책을 읽느라 시간 가는 줄을 모르고 있었습니다. 마칠 시간은 한참 지났고 저도 집에 가고 싶었지만, 독서삼매경에 빠져 있는 그들에게 차마 마칠 시간이라는 말을 할 수가 없더군요. 그 모습이 아름답기도 했지요. 한참이 지난 후에야 철수할 수 있었답니다.

버스 앞에 있는 저 빨간 통은 우리 어릴 적에 목욕통으로 사용하던 큰 고무통입니다. 이 안에 앉아 책을 읽을 수 있게 했는데 아이들이 정말 좋아합니다. 즐겁게 책을 읽고 있는 아이들의 모습을 바라보는 제 마음이 어땠을지 말하지 않아도 알 수 있겠지요. 그저, 책 속에 푹 빠진 아이들의 신발을 가지런히 놓아두는 것만으로도 가슴 벅찬 행복감을 느낄 수 있었습니다.

교육감 선거에서 떨어지고 시골로 들어간 지 4년, 그 후 2014년 교육감 선거에 다시 출마했습니다. 선거운동을 하는 동안 "지난 4년 동안 뭐 했소?"라는 도민들의 물음에 "내가 저 버스 몰고 도내 구석구석 축제장을 찾아다녔고, 도서관이 없는 시골에 가서 아이들과 책을 보고 어른들과 영화를 보며 지냈노라"고 답할 수 있어서 다행이라 생각했습니다.

교실을 바꾸고 학교를 바꾸고 우리 교육을 바꾸기 위해 노력하는 선생님들께 저는 독서의 중요성을 말씀드리고 싶습니다. 아울러 '아이들과 함께 어떻게 책을 읽을 것인가? 우리 아이들에게 어떤 책을 읽힐 것인가?'를 항상 고민해 달라는 부탁을 하고 싶습니다.

교육의 발전을 위해 항상 애쓰시는 모든 선생님들께 존경과 감사의 인사를 드립니다.

박종훈 2014년 7월 제16대 경상남도 교육감으로 취임하였다. 배움 중심의 새로운 교육, 소통과 공감의 교육 공동체, 안전하고 건강한 교육 환경, 더불어 행복한 교육 복지, 깨끗하고 공정한 지원 행정을 경남교육의 정책방향으로 삼아 의욕적으로 펼치고 있다. 특히 경남형 혁신학교인 행복학교를 최우선 역점과제로 운영하면서 학교혁신을 통한 교육의 본질 찾기에 주력하고 있다.

말 잘 듣는 학생,
말 잘 듣는 교사

김미연, 강원 동해중앙초등학교 교사

"강원도 동해에서 아이들과 함께 살아가고 있는 경력 4년 차 평범한 교사입니다."

고백이라고 해야 할까. 솔직히 말하자면, 나는 교육이 무엇인지 잘 모르겠다. 이거 너무 위험한 발언이다. 그동안 교사를 양성하기 위해 그렇게 높은 대학 기준을 제시하고, 국가에서 교원양성기관인 교대까지 만들어놓고는 질 높은 교원을 양성하기 위해 노력했는데, 교육의 선두에 있어야 할 교사가 교육이 무엇인지 모르겠다니. 내가 생각해도 나 자신이 참 무책임하다.

'뭐가 잘 못된 것일까.'

'도대체 나는 왜 이렇게 헤맬까.'

분명 이렇게 교과서에 나오는 지엽적인 지식에 밑줄 긋고 잘 외웠는지 시험 보고 점수를 매기는 것만이 '교육'은 아닐 텐데, 도대체 교육은 무엇이고, 교사로서 나는 어떤 생각과 자세를 가지고 아이들을 대해야 하는 것일까? 나는 교육이 무엇인지도 모르는데 국가는 어떻게 내 능력을 가늠하고는 아이들 앞에 세워놓은 것일까?

그동안 내가 학교 교육 속에서 학생으로서 겪은 배움은 무엇이고, 교사가 되어서 학교에서 아이들에게 경험시키는 배움은 무엇일까? 이에 대해 곰곰이 생각해보았다.

내가 경험한 배움

우선 나는 교사로서의 자아정체성이 우뚝 서서 교대에 간 건 아니었다. 어른들이 칭찬해주는 것이 좋았고, 그때그때 부모님과 선생님의 기대에 부응하기 위해 열심히 공부했다. 고3 때가 되어 진로를 결정해야 하는데 딱히 내가 무엇이 되고 싶은지도 잘 몰랐고, 그러다 등 떠밀려서 가다시피 한 곳이 교대였다.

교대 면접을 보러 갈 때 내가 아무런 준비도 하지 않는 것을 보시고 걱정돼서 나를 다그치셨던 고3 담임선생님이 생각난다. 당시 내가 다니던 학교가 강원도 평창의 작은 시골학교라 딱히 논술이나 면접을 사교육에서 따로 준비하지 않았는데, 담임선생님 입장에서는 생각 없이 멍하니 있는 내가 딱해 보였나 보다. 나를 불러다 면접을 얼마나 준비했냐며 질문을 하셨는데, 교직을 바라보는 세 가지 관점이 무엇인지 말해보라는 것이었다. 내가 순간 멍하니 모르겠다고 말씀드리니 실은 그 답이 성직관, 노동직관, 전문직관이라 말씀하시면서, 이것 중에서는 교직이 무엇이라고 생각하냐고 또 물으시는 것이었다. 당시 나는 그에 대해 듣도 보도 못했고 당황해서 잘 모른다고 했다. 나는 아직도 그때 담임선생님께서 나를 한심하게 보던 그 표정과 그 분위기가 계속 생각난다.

실은 그때 좀 뭐랄까. 수치심? 부끄러움을 느낀 것 같다. 아니 누가 나한테 교대를 가려면 그러한 세 가지 관점을 알아야 한다고 얘기해 준 적이 있나? 그냥 어른들끼리, 그게 대학교수님들이든 고3 담임선생님이든, 그분들끼리만 정해놓고 나를 시험한다는 느낌이 들었다. 그러한 내용을 학교에서 진즉에 알려주지도 않았고, 그게 아니라면 '대학은 이러이러한 배움을 하는 곳이니 고등학교 때 이 정도는 너희가 알아서 생각해서 와야 한다'는 걸 알려주지도 않았으면서, 고등학교 내내 오로지 수능과 내신만 바라보고 공부하게 가르쳐주었으면서, 이제 와서 마치 '너이런 사고능력이 있는 학생으로 자랐어야지' 하며 뒤통수치는 그런 느낌이었다.

그런데 가만히 생각해보면 나에게 있어 배움이란 딱 그런 모습이었던 것 같다. 외부의 어떤 존재가, 그게 선생님일 수도 있고 부모님일 수도 있고, 시험일 수도 있는데, 이런 외부의 존재가 '너 이걸 모르니? 이걸 알아야 한다' 하면서 다그치고 부족하다 느끼게 하면, 나는 약간의 부끄러움과 함께 그게 옳은 길이라 생각하고 착착 따라갔다.

'아, 이걸 알아야 정상적인 고3인데 나는 또 모르는구나. 내가 부족하구나' 하고는 그걸 암기하고 그런 뒤에는 그걸 '아는 척'을 했다. 그것도 초·중·고 12년 동안이나 말이다. 이것을 왜 알아야 하고 어떤 부분에서 중요한지, 이로 인한 내 생각은 무엇인지에 대해 관심 가질 틈도 없이 그저 학교에서 가르쳐주는 것이 나를 바른 인간, 옳은 인간으로 성장

시켜주겠지 하며 열심히 공부했다. 정말 말 잘 듣는 학생이었다.

그렇게 진학하게 된 교대에서의 4년 동안의 배움도 같았다. 강의는 재미가 없었고, 이 지식을 어떤 맥락에서 왜 배워야 하는지도 몰랐고, 쉴 새 없이 조모임이나 중간 기말고사가 있어서 머릿속을 채웠다 비웠다 했지만, 남는 것은 없었다. 그때 자주했던 생각이 '정말 이렇게 해서도 교사가 될 수 있는 건가?'였다.

그렇게 해서 4년 뒤, '교육'을 하는 '교사'가 되겠다는 임용고시를 준비하면서조차 나는 배움에 있어서 고3 때와 달라진 것이 하나도 없었다. 달라진 것이 있다면 이번엔 면접에 나올 것 같은 예상 질문에 답을 하며, 그 답을 외우고 있었다는 것? 정말 가식적인 배움을 한 것이다.

우리 반 아이들에게
경험시키는 배움 1

　　　　　그런 배움을 한 자가 교실에 나와서 아이들에게 어떤 의미 있는 배움을 행할 수 있었을까. 나는 그냥 한 교실에 내던져졌다고 생각되었다. 내가 도대체 이 아이들과 무엇을 할 수 있을까. 내가 누군가를 가르칠 자격은 둘째 치고 능력은 되나?

　나는 그냥 자연스럽게 또 다른 가식적인 배움을 종용하는 사람이 되었던 것 같다. 우리 반 아이들에게 내가 또 다른 외부적인 존재로서 '너 이거 아니? 몰라? 어머 이거 알아야 돼' 하는 역할을 하면서, 또 다른 22살의 미연이들을 몇 명 더 탄생시키고 있었던 것이다.

　처음에는 정말 아무것도 모르겠으니까 수업만큼은 열심히 했다. '교사가 할 일은 교과수업이다'라고 결론 내린 뒤, 그래 그럼 내가 가르쳐야 할 교육과정 성취기준은 뭐지? 그럼 이거니까 이렇게 저렇게 하면 아이들이 성취기준을 달성할 수 있겠구나. 어떻게 하면 좀 더 재미있게 잘할 수 있을까 해서 놀이수업 연수도 들어보고, 상담연수도 듣고, 학급운영책도 사서 읽었다.

　그런데 지금까지 4년 동안 계속 고학년을 맡고 있는데 하루 빼고 매일 6교시까지 있다. 매일 6교시 6개의 매번 다른 수업을 다 준비 못 하겠는 것이다. 처음엔 정말 신기했다. 아니 어떻게 5시에 퇴근이 가능하지? 나는 수업준비 하다 보면 7시, 8시, 그것도 다 준비한 것도 아니고 2~3개 정도 준비하면 그 정도였다. 아. 그러다가 점점 지쳐갔다. 처음엔 정성스럽게 준비해서 수업하고 나면 뿌듯하다가도 난 열심히 준비했는데 아이들이 생각만큼 잘 안 따라와 줄 때는 너무 무너지는 것이었다. 무기력해지고.

내가 교사 맞나? 내가 뭘 알고 가르치는 건가? 내가 교사라고 여기 서 있는데, 내가 정말 아이들을 '교육'하는 것일까? 교육이 뭐지? 그냥 이렇게 지식을 암기시키는 것이 교육인가?

그리고 매번 수업을 다 준비 못 하니까 두세 수업은 그냥 얼렁뚱땅 교과서 보며 수업을 하게 되는데, 그럴 때마다 죄책감, 내지는 나 자신을 옥죄어오는 스트레스랄까. 스스로에게 떳떳하지 못한 느낌에 괜히 예민해져서 마음이 정말 급해지고, 아이들을 여유롭게 바라보지 못하고 옹졸해지기만 했다.

그런데 이런 고민을 털어놓을 데가 별로 없었다. 그럴 용기도 잘 안 났던 것 같다. 마치 나만 이렇게 못 따라가고 부족한 것 같아서, 그게 들킬까 봐.

교육하는 교사?
말 잘 듣는 교사!

그런데 이런 마음을 느낄 틈도 잠시, 학교에 나와 보니 수업만큼이나 크게 느껴지고 신경 써야 할 부분이 있었다. 그게 바로 수업 외 업무였는데, 나는 강원도에서도 비교적 큰 학교에 발령받아서 업무가 그리 많은 건 아니었다. 그래서 그런지 내가 관심이 갔던 부분은 '업무의 양이 너무 많다', '교사가 업무하는 사람이냐'보다도, 그 업무나 행사를 처리하는 방식이었다.

학교를 구성하는 모든 선생님이 크든 작든 업무를 배정받는데, 이게 1

년 단위이기도 하고, 범위도 넓고 하니 솔직히 자기 업무 아니면 잘 모른다. 그러다 보니 구성원들이 업무나 행사를 준비하면서 그 하나하나의 교육적인 의미를 따지고 고민하기보다는 그저 자기가 맡은 업무가 남이 보기에 잘 되어있다는 형식만을 갖추는 데 급급한 느낌이 드는 것이다. 다 알음알음 담당자가 일을 그렇게 처리하는 것에 대한 편의를 봐주고 또 동참해주고.

이건 내 친구 이야기인데, 내 친구가 근무하는 학교가 안전시범연구학교(?)라고 한다. 안전에 대해 연구하는 학교인 것 같은데, 이 학교에서는 아이들이 쉬는 시간이나 점심시간에 운동장에서 공을 못 찬다는 것이다. 공을 차다 보면 아이들이 자주 다치니까, 다친 아이가 나오면 안전한 학교가 아닌 것 같으니까. 그리고 혹여나 다쳐도 안전공제회 혜택

:: 그림 김송희

을 은근슬쩍 못 받게 한다고 한다. 건수 올라가면 역시나 안전한 학교가 아닌 것 같으니까. 완전히 교육적인 의미보다는, '우리 학교가 다친 아이들 건수가 많이 없는 안전한 학교다'라는 형식에만 치우친 일 처리이지 않나. 내 친구는 이게 너무 이상한 것 같은데, 가끔은 이게 진짜 잘못됐는지를 잘 모르겠다고 한다. 왜냐하면, 자기 말고 다른 선생님들은 다 그게 맞다는 듯 행동하시고 잘 따르시니까.

신규인 내 입장에서는, 혹은 나 같은 신규 입장에서는 운동회 연습을 해야 한다고 몇 시간씩이나 대열 맞춰 입장하는 연습을 하든, 열심히 낸 체험학습 아이디어가 '이런 건 교장, 교감 선생님이 안 좋아해~'로 묵살되든, 학교가 안전하기 위해서는 아이들이 운동장에서 뛰어놀면 안 된다고 하든, '그 모든 것은 이미 정해놓은 어떤 깊은 뜻이 있는 거겠지. 나보다 더 먼저 학교라는 곳을 알고 교육에 대해 더 많이 고민했을 많은 분께서 어련히 심사숙고해서 나에게 그렇게 가르쳐주시는 거겠지. 아무것도 모르는 초짜인 내가 할 일은 그저 이걸 얼른 익히는 거겠지' 하고 생각한다.

그런데 좀 더 생각해보면 그냥 말 잘 듣는 교사가 필요했던 것이 아닌가 싶다. 내가 지금까지 초·중·고·대학교를 거쳐 오면서 받았던 교육처럼 어른들이 알려주면 그냥 그것에 맞춰서 착착 잘 따라가는 그런 사람 말이다.

이 거대한 대한민국이라는 시스템, 대한민국이라는 관료제에서 내가 맡은 교육이라는 업무, 내가 근무 배정된 강원도 동해라는 곳에서, 교육부가 하달하고 교육청이 전달하는 그래서 결국은 세분되어서 나에게 주어지는 어떤 업무를, 내가 새로이 그 교육적 의미를 따지고 주체적으로

처리하기보다 그냥 누군가가 원하는 대로 혹은 이미 정해진 대로 착착
잘 따라가는 그런 사람이 필요했던 것이다. 여기에서 괜히 딴지 걸고 그
의미를 고민하려 들면 유난 떠는 것 같은 분위기? 학생일 때 학교에서
그렇게 자라왔고, 교사가 되어서 학교에 나와서도 그런 사람으로 살아
가도록 만들어지는 것이다.

우리 반 아이들에게
경험시키는 배움 2

그런데 정말 더 무서운 건, 이런 게 좀 이상하
고 잘못되었다고 느끼는 나조차도 이미 우리 반에서는 그런 왕국을 만

들고 있다는 사실이다. 6학년 사회시간에 아이들에게 민주주의는 열심히 가르치면서, 아이들과 땡볕에 발야구를 하러 나갔는데 남자아이들이 자기들 왼발로 차라 했다고 입을 삐쭉 내밀고 투덜거리는 걸 보고는 속에서 화가 치밀어 올라 강압적인 눈빛과 분위기로 제압했다. 내 입장에서는 일부러 힘들게 아이들을 위해 땡볕에 나와서 뭐라도 해보려고 하는데, 그 마음도 몰라주고 불평만 늘어놓는 것을 보고는 화가 나 묵살해버린 것이다.

그런데 이건 확실히 독재다. 말로는 민주주의를 가르친다면서 선생님부터가 행동으로 독재를 일삼고 있는 것이다. 나중에 알고 보니 우리 반 남자아이들이 공을 정말 못 차는 게 아닌가. 나는 또 오른발로 차면 여자아이들이랑 같이하는데 홈런만 계속 나올까 봐서 미리 전지전능한 입장에서 예방한 조치라 생각했는데, 오른발로 차도 거의 내야를 벗어나기 힘들었던 것이다.

아이들 입장에서는 이 얼마나 정당한 항의인가? 그런데 교사인 나는 아이들의 입장을 제대로 들어보기도 전에 쉽게 강압적으로 묵살해버리기 일쑤다. 그저 말 잘 듣고 고분고분 잘 따라오는 아이를 제일 예뻐하게 되고, 말 잘 듣고 따라와야만 높은 점수를 주는 체계를 만들어놓고는 아이들을 대한다.

이처럼 나는 정말 교육이 무엇인지 모르겠다. 내가 아이들을 엉망으로 가르치는 것 같아서, 아이들을 가르친다는 것이 무엇이고 한 사람의 인생에서 어떤 것을 배운다는 것은 무슨 의미이고, 배워서 어떤 사람이 되어야 하는지, 우리 교육은 아이들에게 '이렇게, 이렇게' 되라 하고 가르치는데, 실제로 아이들이 나아가야 할 사회는 그러한 사람이 행복하게 살 수 있는 환경은 맞는지, 아이들은 내 수업으로 무엇을 배웠는지, 혹시 내가 의도하지 않은 내 모습에서 아이들이 또 다른 것을 배우고 있는 건 아닌지, 너무나 모르겠다.

그래서 나는 주위 선생님들께서 선생님들이 가지고 있는 고민이나 솔직한 생각을 먼저 같이 나누어주면 좋겠다. 조금 번거롭고 더뎌도 교육을 고민하는 교사가 유난스럽지 않은 문화, 학교에 그런 문화가 있어서 나 같은 신규 교사가 들어오면 자연스럽게 그런 문화 속에서 교육에 대해 생각하고 배우고 고민할 수 있게 말이다. 그저 말 잘 듣는 학생을 가르치는 말 잘 듣는 교사가 되기보다는 고민하고 또 고민하는 교사, 부당한 것에 대해서는 말을 듣지 않을 수도 있는 학생을 키워내는, 말을 안 들을 수도 있는 교사가 되고 싶다.

꼭 하고 싶었던 말

　　　　　　　　　　"그렇지. 누구도 나에게 가식적이 되라고 강요할 수 없지."

실천교육교사모임에서 뵌 황장원 선생님께서 회의 때 하신 말씀이다. 처음에 이 말을 듣고는 집으로 돌아오는 버스에서 한참을 멍~하니 생각했다. 아니 나는 내 인생을 통틀어 착한 척, 많이 아는 척, 더 공부하고 싶은 척, 이해하기 힘든 것이 있어도 분란 일으키기 싫으니까 모르는 척하며 살아왔는데, 그 누구도 나에게 가식적이 되라고 강요할 수 없다니! 진정 그런 거라면 왜 나는 가식적으로 살아오며 내 진짜 목소리에 귀 기울이지 못하고 남들 욕구만 충족시켜주려 이리저리 휘둘리는 소심이로 자란 것일까.

부정할 수 없는 사실은 사회는 말 잘 듣는 인간을 필요로 하고 또 양성하고 있다는 것이다. 겉으로는 창의융합형 인재, 문제해결력과 의사소통능력을 가진 민주시민을 필요로 한다고 하지만 더 본질적으로는 어딜 가나 그 사회문화와 공동체 규범을 잘 따르는, '말 잘 들으며, 맡은 바 일 잘하는' 사람을 필요로 하는 것 같다. 이러한 사회의 성질을 전면적으로 부정하는 것은 아니다. 다만 '학교'라면 이러한 폭력적 현상 앞에 각 인간이 존엄하게 우뚝 설 수 있도록, 이를 순화시키는 방향으로 그 역할을 해내야 하는 것 아닐까?

아니나 다를까 이런 사회화과정은 학교에서 가장 크게 작용한다. 학교는 일방적으로 모든 아이를 나이 순으로 자르고, 해당 나이에 천편일률적으로 같은 내용을 습득하도록 만들어놓았다. 조금 늦게(예를 들면 단 1년이라도) 해당 내용을 습득하는 아이는 용납되지 못하고 '부진아'가 된다. 정말 살벌한 경쟁체제다. 더욱 심각한 것은 학교에서 말 잘 듣는 학생으로 커갈수록 동시에 가식을 체득하며 가식에 무감각한 인간이 되어간다는 것이다. 머릿속으로는 이해되지 않고 왜 배워야 하는지도 모르겠지만, 그저 평가에 나온다니까 억지로 아는 척하며 외우고 있는 아이들. 한 생명의 존엄한 인간으로 태어나서 12년 넘는 시간을 자신에게 유의미한 것을 배우며 삶의 즐거움을 느끼기보다는, 자신의 장래를 담보로 한 협박성 제도 안에서 무의미한 지식을 가식적으로 외우는 기계로 커가는 것이다.

그렇게 자라난 아이들이 나처럼 교사가 되어서도 마찬가지이다. 무엇이 교육이고 어떤 교육이 옳은 것인지에 대한 주체적인 목소리를 생각하기보다는, 누가 검사라도 나올까 봐 남이 보기에 교육을 잘하고 있다는 형식을 갖추는 데 급급한 가식을 요구받고 있다.

인간이 살아가는 이유는 무엇일까? 인간이 말을 하고 문자를 고안하여 글을 쓰는 이유는 무엇일까? 글로써 비로소 축적이 가능해진 문명사회의 방대한 지식을 학교에서 가르치는 이유는 무엇일까? 그것은 언어능력, 글쓰기 능력, 지식암기 능력 그 자체에 있는 것이 아니다. 행복이고 자기표현을 위함이다. 자신의 고유한 목소리를 발견하고 그것을 표현하며 주체적으로 살아가는 인간이 되자고 하는 과정에 위의 능력들이 도구적으로 필요한 것뿐이다. 그런데 어른으로서 우리는 아이들에게 이러한 진정한 목적을 알려주지 않고 그저 도구적인 능력들에 집착하고 몰입하게 하는 것 같다.

그렇다. 결국은 행복이다. 가식이 체득되고 가식에 무감각한 인간은 자신의 목소리보다는 남의 목소리에 귀 기울이게 되며, 자신의 목소리를 발견하고 표현하지 못하는 인간은 자존감이 결여되어 행복하기 어렵다. 그렇다고 아이들에게 다짜고짜 자기표현 하라고 강요할 수는 없다. 그 이전에 교사로서, 어른으로서 우리가 먼저 문명사회의 축적되어 온 지식의 흐름을 알고, 자신의 목소리를 발견하고 표현해야 한다. 먼저 사는 사람으로서 보여주어야 한다. 그것이 모범이다. 혼자 하기는 어려우니 여러 어른이 함께 자기표현을 하면 더 좋겠다. 그런 의미에서 선배 교사들이 학교에서 교육에 대해 자유롭게 이야기하고 교류하는 분위기를 만들어주면 좋겠으며, 전문적인 학습공동체나 이를 위한 단체들은 더욱 치열한 이야기의 장을 펼쳐 이러한 내용을 제도화시킬 수 있는 능력을 갖췄으면 좋겠다.

모두가 다 진정으로 자신의 삶을 살아낼 수 있도록 하는 좋은 세상, 그를 위해 꼭 필요한 교육을 꿈꾸며.

누구도 나에게 가식적이 되라고 강요할 수 없다.

 **김미연** 항상 궁금한 것도 많고 생각도 많은 4년 차 교사. 교사가 뭐하는 사람인지 모르겠어서 자신의 삶을 돌아보고는 말 잘 듣는 학생으로, 열심히 남의 인생을 살아온 것을 후회하고 있다. 이제는 나다운 사람으로 살고 싶다. 자라나는 많은 아이들도 나답게 살 수 있도록 키워지며, 주체적인 사람들이 모여 사는 사회를 기대한다. 이를 위해 교육에서 자신의 역할이 있지 않을까 하며 공부 중이다. 진심은 통한다고 믿으며 소박한 자유인으로 살아가고 싶다.

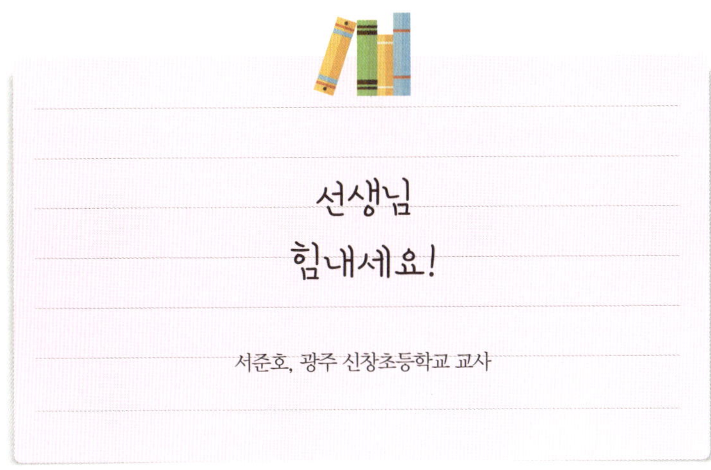

옆 반 선생님의 어려움

나는 초등학교 교사이자 심리치료사로 활동을 해오고 있다. 대학원과 상담학회 활동을 기반으로 학교 현장에서 LCSI(Lim's Character Style Inventory)[8]성격유형검사와 심리극[9](Psychodrama)을 도구로 학생, 학부모, 교사의 상처를 치유하는 일을 해왔다. 빈 의자를 놓고 엄마와 역할을 바꿔 자신을 바라보게 하는 심리극의 '역할 바꾸기' 기법으로 자살하려는 학생의 생각을 바꿔놓기도 했고, 가족 내 시스템이 어떻게 학교 내에 자리하는지 흐름을 파악하고, 그로 인해 발생한 우

---

8   개인이 성격과 적성을 객관적으로 진단하고 그 분석결과를 토대로 합리적인 의사결정을 할 수 있도록 도와주는 검사(http://goo.gl/U43ed6)

9   사이코드라마로 알려져 있음. 연극이란 메소드를 활용해 인간의 심리적인 문제를 해결하고 통찰을 만들어 낸다.

울, 무기력, 분노, 슬픔 등을 이해시키고 관계를 다듬고 감정조절을 할 수 있도록 도움을 주는 일에 집중해 왔다.

하지만 큰 어려움이 동학년 선생님의 교실에서 발생하는 것을 보게 됐다. 그 선생님은 내향적이며 관계 중심이라 부드럽고 온화하며 작은 것에도 감동하거나 자극에 취약해 상처가 오래가는 '우호형' 유형이다. 그런데 그 반에는 외향적이며 사고목적 중심이라 스피디 하고 직설적이고 에누리가 없으며 눈매가 매섭고 목소리가 큰 '주도형' 유형의 학생이 절반 정도였다. 선생님은 '방전'되고 말았다. 주도형 학생들은 작은 것에도 크게 아쉬워하고 선생님이 자신들 마음대로 되길 바라며 교사보다 위로 올라갔다. 담임은 아이들에게 맞춰주려 노력했고, 때론 눈물을 닦아가면서 교실을 꾸려 나가기 위해 노력했다. 하지만 교사를 주도하는 재미를 알아버린 학생들은 이성적인 범위 밖의 요구를 교사에게 했고, 더 많은 주도권을 잡으려 하면서 연약하고 눈물 많은 선생님을 윽박지르고 반항하는 쪽으로 발전했다. 관리자들도 도움을 주려고 했지만, 서로 연합한 주도형 학생들은 너무나 막강했다.

끝내 선생님은 좌절했고, 휴직을 생각했다. 교장 선생님도 고민하시다 오랫동안 즐거워야 하고, 감동 속에 보내야 하는 교직 생활이 이런 경험 때문에 교직 전체가 무너지면 안 된다며 "선생님이 내 아내이고 딸이라면, 지금 그 교실에 계속 있게 하는 것은 아니라는 생각이 들었습니다. 선생님은 그동안 최선을 다하셨어요. 힘드시면 잠깐 육아 휴직하시면서 쉬셨다가 다음 학기에 돌아오셔도 됩니다"라고 말씀하시면서 선생님의 손을 잡아주셨다. 그리고 그렇게 선생님은 몇 달간의 육아휴직 생활을 하게 됐다.

위의 사례처럼 교사는 최선을 다했지만, 때론 그 노력과 달리 눈물 흘리고 교직 전반에 그림자가 드리우는 듯한 트라우마가 자리하는 과정을 지켜보는 것은 쉬운 일이 아니었다. 그러면서 전에 했던 여러 상담과 심리치료 과정 속 '교사 상처'를 돌아보게 됐다. 학교 안팎으로 교사 행복과 초임 때 두근거렸던 열정과 에너지를 다시 회복시키고, 여전히 학교엔 교사를 지지하고 힘을 주는 여러 동료와 제자들이 있음을 이해하고 내면에 작은 힘을 심는 일에 집중하게 됐다. 그 과정에서 동료의 휴직으로 무기력해 하고 학생들과의 생활에 변화가 생긴 분들이 생겼다. 교실 문을 두드리면서 도움을 요청하기 전까지 어떤 개입을 하지 않고, 함부로 '치료사의 관점'으로 누군가에게 조언하지 않는 것이 원칙이었다. 교실은 교사의 행복도와 감정에 크게 좌우되는데 상처받고 힘들어하는 교사가 더 생기기 전에 잠깐 원칙을 깨기로 했다. 선생님들의 행복을 위해 '교사'의 옷을 벗고 '치료사'의 옷을 입고, 학년 전체를 대상으로 20여 분 프로그램을 진행하기로 마음먹었다.

학생들과 함께한 역할극

체험학습 안전교육을 위해 8개 반 학생들이 강당에 모였을 때, 약간의 시간을 만든 뒤, '전교학생회장'에게 선생님을 도와주러 앞으로 잠깐만 나와 달라고 부탁했다. 심리극의 '역할 바꾸기' 기법을 이용해 앞으로 나온 학생회장에게 강당 무대 가운데 서면 이학년에 새로 온 '선생님'이 되는 것으로 약속했다. 연기를 해야 하는 게아니라 질문에 답을 하는 정도라고 알려주면서 무대 가운데 서게 한 뒤,

'직업이 어떻게 되시죠?' '이름이 뭔가요?' '몇 반 담임선생님 하고 싶으세요?' 등의 질문으로 선생님 역할에 조금씩 몰입하게 했다. 그런 다음 어떻게 학생들과 학교생활을 하고 싶은지 물어봤다. 선생님 역할의 학생회장은 체육도 많이 하고, 과자 파티도 하고, 쉬는 시간이면 반 아이들과 보드게임도 하고, 수업도 재미있게 하고 싶다고 답했다. 난 열정과 에너지가 가득한 선생님이라며 칭찬을 했고, 학생회장은 쑥스러워하는 듯 웃으면서 '감사합니다'라고 답했다.

나는 무선마이크를 들고 아래로 내려가 8개 반 학생들에게 새로운 선생님과 어떻게 지내고 싶은지 물어봤다. 그러자 역시 함께 놀고 여행가고 즐겁게 지내고 싶다는 답변이 나왔다. 나는 고개를 들고 학생들에게 물었다.

"자, 선생님이 여러분과 최선을 다해서 지내려 합니다. 그런데 가끔 교실에서 이런 열정 가득한 선생님을 힘들게 하는 학생들이 있기도 하지요. 1학년 때부터 5학년 때까지 생각해 보면서 어떤 학생들이었는지 알려주세요."

욕하는 아이, 대드는 아이, 아무것도 하지 않는 아이, 자꾸 떠드는 아이 등의 대답이 나왔다. 그래서 그 역할을 할 학생 네 명을 무대 위로 초대했다. 선생님 역할의 학생회장 손에 천 네 개를 쥐어주고, 앞서 나온 선생님을 힘들게 하는 학생들을 연결했다. 그리고 대사를 주었다. 욕하는 학생은 "씨발!" 대드는 아이는 "어쩌라고요!" 아무것도 하지 않는 아이는 "그냥 두세요!" 자꾸 떠드는 아이는 "구시렁구시렁"이었다. 각자 선생님과 연결된 천을 세게 잡아당기며 대사를 계속 말하도록 했다. 네 명의 학생이 천을 세게 잡아당기며 말을 크게 반복하자 무대 아래 앉아 있던 학생들은 재미있는 광경에 웃기 시작했다. 하지만 선생님 역할의 학생회장의 얼굴엔 당혹감이 생겼다. 학생회장에게 다가가서 물었다.

"선생님, 지금 마음이 어떠세요?"

"힘들어요", "어떻게 해야 할지 모르겠어요"라는 답이 돌아왔다.

다시 강당 아래 앉아 있는 아이들을 가리키며 물었다.

"앞에 앉아있는 반 아이들이 눈에 보이세요?"

"보이지 않아요."

마지막으로 질문했다.

"앞에 앉아 있는 학생들이 힘들어하는 선생님을 보면서 웃고 있는데 느낌이 어떠세요?"

"슬퍼요"란 말이 돌아왔다.

이번에는 마이크를 들고 무대 아래로 내려가 학생들에게 선생님이 어떻게 보이냐고 물어봤다. 힘들게 보여요, 불쌍해요, 슬퍼요 등의 답을 하는 학생들에게 조금 더 목소리를 키워 말했다.

"선생님은 100이란 에너지를 가지고 너희와 학교생활을 시작하지, 그런데 욕하는 아이가 20을 가지고 가. 그리고 대드는 아이가 20, 아무것도 하지 않는 아이 20, 자꾸 떠드는 아이가 20을 가지고 간단다. 그리고 남은 20으로 너희와 수업도 하고, 체육도 하고, 놀이도 하고, 업무도 해야 해."

그 순간 침묵이 흘렀다. 다시 무대로 다가가 선생님 역할의 학생회장에게 "선생님, 학교 오고 싶으세요?"라고 물어보자. '아니요'라는 답이 돌아왔다. 난 고개를 돌려 학생들에게 말했다.

"교실은 선생님이 혼자 만들어 가는 곳이 아닌데, 어느 순간 교사가 일방적으로 모든 행복을 만들어야 한다고 학생인 너희들이 믿고 있는지도 몰라. 교실은 교사와 학생이 함께 만들어 가야 하는 곳인데 알고 있었나요?"

학생들은 침묵했다. 학생들에게 이런 선생님에게 어떤 말을 하면 좋을지 물었더니 사랑해요. 우리가 있잖아요. 힘내세요 등의 답이 돌아왔다. "혹시 담임선생님이 힘들어할 때 '힘내세요'라는 문자라도 보내 본 학생이 있나요?"라고 물었더니 다시 침묵이 흘렀다. 그리고 강당 뒤쪽에 서 있던 선생님들이 눈물을 흘리기 시작했다. 무대 위 학생들에게 다시 천을 잡아당기라고 하고, 무대 아래 학생들에게 사랑해요, 힘내세요 등의 말을 하게 했다. 하지만 선생님 역할의 학생회장은 그 말이 들리지 않고, 여전히 자신과 연결된 '힘들게 하는 학생'에게 집중이 된다고 했다.

아이들의 침묵은 '생각하고 있음'을 의미한다. 교실은 교사와 학생이 함께 만들어 가는 곳이라는 말과 함께 잠깐 시간을 주고 어떻게 해결하면 좋을지 생각해 보게 했다. 선생님을 힘들게 하는 학생들은 계속 천을 잡아당기며 불편한 말을 하고, 선생님 역할의 학생회장은 힘들어하는 상황이 계속되면서 우리 모두에게 '불편함'이 올라왔다. "힘들어하는 선생님을 바라만 보고 있나요?"라는 내 말에 앉아 있던 학생 중 한 명이 손을 들고 무대로 올라왔다. 선생님을 힘들게 하는 학생에게 '그러면 안 돼!'라며 선생님의 에너지를 상징하는 천을 잡아당기기 시작했다. 나는 몇 명 더 나오게 해서 함께 잡고 천을 빼앗아 선생님 목에 걸어주라고 했다. '그러면 안 돼, 그건 잘못된 것이야!' 등의 말과 함께 네 명의 학생

에게 천을 빼앗아 선생님 목에 걸어주는 순간 선생님 역할의 학생회장
은 눈물 흘리기 시작했다. 강당 뒤쪽에 서 있던 선생님들의 눈에서도 눈
물이 흘러내렸다. 선생님 역할의 학생회장은 이제 앞에 앉아 있는 학생
들이 눈에 보이고 이젠 힘들지 않다고 이야기했다.

　이 과정에서 우리는 모두 교실은 함께 만들어 가는 것이고, 선생님 혼
자 책임지는 것이 아니며, 선생님을 힘들게 하는 학생은 우리 모두를 힘
들게 하는 학생이고, 혼자가 아닌 여럿이 모여 그게 잘못됐다는 것을 알
려주고, 때론 서로가 서로에게 '힘내세요'라고 말을 건네거나 문자를 보
내는 것은 서로를 힘나게 만드는 일이라는 교훈을 얻었다. 그리고 자연
스럽게 내가 학생들에게 이해시키려 한 '교사 행복의 중요성', '교권의
중요성'이 자리하게 되었다. 짧은 20분이었지만 강렬하게 우리 모두에
게 이해를 만들게 됐고, 선생님들도 학생들을 바라보는 눈이 바뀌고, 학

생들도 선생님을 바라보는 눈이 바뀌었고, 바로 문자가 오고 갔으며, 쉬는 시간에 서로서로 대화와 미소로 끌어당겼다. 이런 작은 변화는 큰 변화로 이어져 학년 전체에 조금 더 평온함을 만들었다. 그리고 학생들은 자신들의 행복을 이야기하면서 선생님의 행복에 대해서도 함께 고민하게 됐다.

교사의 행복과 치유

교직 사회도 그렇다. 한 선생님이 업무, 부당함, 관리자와의 스트레스, 학생과의 상처 등과 연결되어 무기력해 있을 때 누가 힘이 되고 등 뒤에 손을 올려 지지해 줘야 할까? 잠깐 고민해 보자. 사람에게 받은 상처는 사람에게 치유 받는다. 그리고 교사에게 가장 힘이 되는 사람은 역시 동료 교사다. 누군가 내 상처에 관해 잠깐 이야기를 들어주고 손을 잡아주는 위로만으로도 우린 힘듦을 조금 더 이겨낼 수 있다. 하지만 경직된 학교 구조, 상처 있는 관리자의 욕구 등 서로가 힘들고 아파하는 학교라면 상대의 아픔을 바라볼 수 없다. '내 상처에 비하면 당신의 상처는 아무것도 아니야', '당신의 편이 되면서 또 어려운 일이 나에게 생길까 봐 두려워' 등 힘든 교사는 힘든 동료에게 위로가 되지 못한다. 또한, 가장 중요한 반 아이들의 감정을 알아차릴 수 없고, 여러 사건에 감정적으로 대처할 수밖에 없다. 그리고 교실에 여러 불편한 일이 발생한다. 그래서 교사의 행복, 교사의 마음 안정은 너무나 중요하다.

안타깝게도 지금의 현실은 '교사의 행복', '교사 치유'에 대해 이야기를 하면 뒷순위로 생각한다. 상처받은 교사가 위로받을 공간도 없고, 프로그램도 없고, 대상도 없다. 그리고 이미 적자인 교육재정 속에서 처리해야 할 여러 사안을 두고, 교사 치유와 힐링을 위해 내어줄 예산 또한 부재다.

우리는 모두가 연결되어 있다. 가정 내 부모가 만드는 역동은 자녀에게 진동을 만들며, 학생이 만드는 진동은 교사에게 연결되고, 교사가 만드는 진동은 학생에게 전달되며, 동료 교사가 서로에게 만드는 진동 또한 영향이 있으며, 관리자가 학교 전체에 만드는 진동 또한 크다. 누군가를 공격하고 비난하는 진동이라면 돌려주고 싶은 마음에 또 다른 공격과 비난이란 진동이 상대방에게 전달되고 끊임없는 감정싸움으로 번지게 된다. 반대로 누군가를 이해하고 사랑하고 있는 그대로 그 모습에 동의하며, 당신과 나는 다르지만 서로 협력한다면 더 큰 좋은 진동을 만들 수 있다는 것을 기억해야 한다. 교사의 행복은 교실과 학생을 안정되게 한다. 그래서 교사의 행복과 상처 치유가 더 우선이다.

한 번 트라우마를 경험한 교사는 유사한 사건만 생겨도 그 트라우마 경험이 현재의 학급에 영향을 미치게 된다. 가느다란 막대가 휘어져 부러지면 다시 접착제로 붙이더라도 유연성이 사라져 일정한 힘이 가해지면 다시 부러지는 것처럼, 교사가 상처받아 부러지기 전에 이완시켜주고 원래 자리로 돌아가도록 도와줘야 한다. 교사를 위해 변화가 필요하다. 교사가 상처를 받으면 아픔을 위로받고 상처를 치료할 수 있는 '교사치유센터'가 필요하다. 그리고 왜 필요한지 세상에 이야기해야 한다. 필요성을 이야기하고 이해를 나누었더니 교사와 학생 사이에 평온함이 자리하고 서로를 더 믿게 된 것처럼, 교사의 심리적 안정감을 만들고 교사의 학교 내 트라우마를 다독일 기회를 이제부터라도 조금씩 만들어야 한다. '학생'과 '학부모'를 위한 상담기관에 비해 '교사'를 위한 치유기관과 프로그램은 부족하다. 아무쪼록 내 사례와 이야기가 교사들이 서로 위로를 만들고, 각 지역에 교사치유센터를 설립하는 데 도움이 되길 바란다.

서준호 초등교사, 심리치료사, 놀이전문가. 심리극(Psychodrama), 가족 세우기(Family constellation), LCSI 종합성격검사 전문가로 활동하고 있다. 교사를 대상으로 상담, 심리치료 워크숍, 힐링캠프 및 공부하는 '성장교실'을 운영하고 있으며, 페이스북 라이브방송 '쌤쇼(SSam Show)'를 진행하고 있다.

수업나눔,
학교를 공동체로 세우다

김효수, 충남 천안공업고등학교 교사

학교를 조직이 아닌
공동체로

학교를 무엇으로 바라보아야 할까? 지식과 기술 등을 다음 세대에 전수하는 사회화 기관 정도일까? 상급학교로 진학하기 위한 선발 기제가 작동하는 수단적 기관으로서 사회적 신분을 자연스럽게 배분하는 조직일까? 내 삶의 많은 시간을 보낸 학교란 존재는 알다가도 모르겠다.

학창시절에 학교는 열심히 공부해서 좋은 학교에 진학하기 위해 존재한다고 생각하고 비교적 잘 적응했던 것 같다. 교사가 되어서는 학교가 행정업무가 많은 철저한 관료 조직이라는 것을 알게 되었다. 그리고 교사를 말단 교육기관의 교육공무원으로 보는 것 그 이상도 이하도 아니라는 것을 느끼며 내가 품었던 교육적 이상이 조금씩 무너지는 순간을 지나왔다. 그러다가 학교혁신운동을 만나고 다시금 교육적 이상에 대한 사유와 실천이 살아나는 것을 경험했다.

학교혁신은 다른 것이 아니라 학교를 학교답게 세워가자는 것이다. 학교는 다른 행정적 조직과 달리 '다음 세대의 사람들이 배우고 성장하는 공간'으로 그 본질을 회복하자는 것이다. 즉, 자라면서 경험하지 못한 이 세상을 알아가는 배움의 기쁨, 서로의 만남을 통해 맺어가는 평화로운 관계, 이 세상의 한 존재로 자신의 재능을 발견하고 꿈을 키워가는 공간이 되어야 한다는 것이다.

하지만 많은 사람이 이야기하듯이 입시경쟁 속에서 배움은 고통이 된 지 오래다. 학교폭력과 소통의 단절로 관계 또한 고통스럽고, 점수에 맞춰 상급학교로 진학하는 분위기에서 자신이 좋아하고, 하고 싶은 것을 찾는 것이 사치가 되어버린 학교의 모습은 교육의 본질에서 너무나 멀리 떨어져 있다.

학교가 교육의 본질이 구현되는 공간이 되려면, 관료화된 조직체를 넘어 유기체적 공동체로 거듭나야 한다. 최근 많이 거론되고 있는 학교협동조합, 마을교육공동체, 교육생태계, 배움과 돌봄 공동체, 학습공동체, 실천공동체 등의 담론도 학교가 공동체로 이행하는 것을 촉구한다는 점에서 공통적이다. 어떠한 학교 공동체를 추구하든 무엇보다 교사들이 먼저 공동체를 이루는 것이 핵심이라고 생각한다. 교사가 공동체를 경험하고 구현하지 못한 채, 그것을 학생들에게 가르친다는 것은 어불성설이다. 학교에 살아 숨 쉬는 교사공동체를 만들기 위한 다양한 경로가 있겠지만, 형식적인 수업협의회에서 실질적인 수업 고민이 깊이 나누어져 성찰과 성장이 일어나는 수업나눔으로의 변화를 통해 학교를 공동체로 세워가는 이야기를 해보고자 한다.

왜 수업나눔인가?

수업은 교사 삶의 중핵이다. 수업은 직접 아이들과 만나며 교육이 이루어지는 시공간이다. 그러기에 교사라면 누구나 수업을 잘하고 싶다. 즉, 수업 속에서 교사로서의 존재감을 얻고 싶은 마음이 있다. 그래서 수업에서 차가운 지식만을 전달하며 관계 교류가 거의 없고 무기력한 아이들을 바라본 채 손을 놓을 수밖에 없는 현실에 아파하고 고민하는 존재가 우리이고, 우리의 동료이다.

말콤 글래드웰은 『아웃라이어』에서 한 분야에서 이른바 달인의 경지에 오르기 위해선 적어도 1만 시간 이상은 투자해야 한다는 '1만 시간의 법칙'을 내놓은 바 있다. 그러나 이는 수업 영역에서는 통하지 않는다. 1만 시간인 교직 경력 10년을 훌쩍 넘겨 20년, 30년이 되어도 달인은커녕 갈수록 어려워져만 가는 자신의 수업을 보며 절망하기도 한다.

문제는 이러한 고민과 감정을 나눌 사람과 공간이 없다는 것이다. 교사가 되고 나서 가장 당황스러웠던 것은 교사가 된 첫날부터 수업은 오롯이 수업에 들어간 한 교사가 책임지는 구조라는 것이었다. 혼자 고립된 섬처럼 수업에 들어가 배움의 흥미가 거의 없는 아이들과 고군분투하다가 지쳐 교무실에 들어와도 그 누구도 방금 일어난 수업에 관심이 없다. 교사 간의 대화는 행정업무, 취미, 시사 이야기 등이 대부분이다. 물론, 아이들에 대한 이야기도 하지만, 수업과 관련한 고민보다는 아이들에 대한 불만으로 그칠 때가 많다. 수업은 마치 판도라의 상자인 양 열기 꺼리고 공개수업을 하더라도 안 들어가거나 잠깐 보고 나오는 것이 불문율처럼 되어버렸다.

수업이 학교 교육의 실질적인 모습을 가장 잘 드러내는 공간이거늘 우리는 왜 이토록 꽁꽁 싸매고만 있을까? 사실 수업성장을 계속해나가며 전문가가 되고 싶은 목마름에 깊은 갈증을 느끼는 교사가 아주 많다. 필자가 2014년, 2015년 휴직하여 좋은교사 수업코칭연구소 상근자로 활동하면서 놀란 것은 수업성장을 위해서 수업을 열고 제대로 된 피드백을 받고 싶어 하는 교사가 너무나 많다는 것이다.

나 또한 그런 교사였다. 하지만 여러 차례 공개수업과 수업협의회를 경험했지만 제대로 된 피드백을 받았다고 느낀 적은 없다. 수업협의회의 장은 10여 개의 체크리스트[10] 항목으로 수업 능력이 환원되어 형식적 칭찬과 지적이 오가는 공간이었다. 내 수업 고민을 깊이 있게 털어놓을 수 없는 분위기에서 수업 속 몇 가지 아쉬움에 대한 자기평가 발언으로 수업협의회는 시작된다. 이후 여러 선생님이 이야기하는 것을 계속 받아 적은 뒤 수업협의회는 마무리된다. 물론 여러 피드백 중에 내 마음에 와 닿는 부분도 있었지만, 대부분은 그렇지 못했다. 아니 솔직히 많은 지적이 상처를 주었다. 이것은 나만의 경험일까?

좋은교사운동의 수업협의회에 대한 설문을 한 결과를 보면 교원평가 이후에 공개수업은 늘어났지만, 여전히 수업협의회에 대한 만족감은 낮

---

10 체크리스트는 교사 대부분이 알고 있고, 지면 관계상 제시하지 않겠다. 양식은 다르지만 아직도 대다수 학교의 공개수업에서 몇 가지 수업을 보고 평가하는 체크리스트를 작성하고 수업협의회 때 활용하고 있다.

다는 것을 알 수 있다.[11] 수업장학, 수업평가, 수업컨설팅, 컨설팅장학이라는 이름으로 행해지는 기존 수업협의회의 경험이 우리로 하여금 수업을 여는 데 주저하게 하는 건 아닐까? 기존의 수업협의회를 넘어 수업나눔이 필요한 이유가 여기에 있다.

수업협의회에서
수업나눔회로

새로운 수업협의회를 모색하기 위해서 교사의 수업 전문성을 새롭게 이해하는 과정이 필요하다. 기존의 수업협의회는 과학적, 기술적, 평가적, 측정적, 양적, 일시적, 객관적 등의 성격을 지니는 수업장학, 수업평가, 수업컨설팅으로서의 접근[12]이었다. 이런 접근은 수업방법이나 수업내용의 재구성 등 외부적 요소를 알려주면 수업 개선이 된다는 전제가 강하다. 이러한 인식에서는 교사의 수업 전문성을 '숙달된 기술'로 본다. 물론 수업에서 기술이나 방법도 중요하다. 특히 저경력 교사의 경우, 수업방법을 가르쳐주는 연수나 수업장학, 수업컨설팅이 도움 된다. 하지만 상당수의 교사는 수업 개선에서 막혀 있는 지점이 방법과 기술보다는 수업에 대한 자신만의 신념이나 철학의 부재, 관계 지향적인 수업 속에서 상호작용에 대한 알아차림 부족, 정서적인 아픔으로 무너짐 등인 경우가 많다. 이러한 경우 외부적인 지도 조

---

11 2014년 11월 21∼26일 실시했고, 550명의 교사가 참여했다. 설문 결과는 http://me2.do/FUDe9wm5에서 볼 수 있고, 자세한 분석은 2015년 1월호 「좋은교사」 특집에 실려 있다.

12 수업장학과 수업평가, 수업컨설팅의 각각의 차이는 지면 관계상 언급하지 않겠다. 이에 대해서는 김태현(수업코칭연구소 부소장)이 쓴 책 『교사, 수업에서 나를 만나다』를 참고하면 좋다.

언을 받아도 쉽게 변화할 수 없다.

　이는 수업이 예술적, 질적, 장기적, 주관적인 성격도 있기 때문이다. 똑같은 내용도 누가 어떤 학생들과 언제 하느냐에 따라 수업은 매번 달라진다. 교사와 학생의 신념과 철학, 정서 그리고 수업 내용 등이 상호작용하며 만들어지는 예술작품 같은 것이 수업이다. 수업의 상황과 맥락에 대한 감수성을 바탕으로 매번 새롭게 의사결정 하는 총체가 바로 수업이다. 이렇게 실천적 성격을 가진 수업이기에 교사의 주관적인 세계를 인정하고 다양한 수업사례를 많이 보고 성찰하는 과정의 축적, 즉 '성찰적 실천'로서의 수업 전문성으로 이해하는 것이 필요하다.

　수업에서 교사는 가장 중요한 존재로 서야 한다. 이것은 교사 중심 수업이 옳다는 것이 아니라 학습자의 배움을 위해서라도 교사의 자기 성찰이 중요하다는 논지이다. 자신의 빛깔을 잃은 채 주어진 교육과정을 전달하는 기술자의 역할만 자처한다면, 수업 전문성 성장은 더딜 수밖에 없다. 이러한 새로운 수업 전문성에 대한 이해를 바탕으로 한 수업협의회는 교사들의 전문가적 수업 소통을 통해 수업자의 수업성찰을 돕는 방식으로 전환되어야 한다.

　이러한 관점에서 '수업협의회'란 용어를 재검토할 필요가 있다고 생각한다. '수업협의회'는 수업을 가지고 서로 협의한다는 공식적이고 행정적인 느낌이 드는 용어이다. 또한, 수업을 객관화하고 분석적으로 대상화하고 있다는 느낌이 든다. 그러기에 수업협의회는 자신을 온전히 드러내지 못하고 서로 가면을 쓰는 상황이 된다.

　그래서 새로운 수업협의회로 나아가기 위해서 용어 변경을 제안한다. 그 용어는 바로 '수업나눔회'이다. 수업에는 삶이 반영되어 있고 주관적인 부분이 많기에 수업은 '나눔'의 대상이어야 한다. 그러기에 형식적인 '수업협의회'를 수업자의 성찰이 중심이 되는 '수업나눔회'로 바꾸자는 운동을 펼치고 있다. 기존의 수업협의회와 성찰 중심의 수업나눔회를 비교, 정리하면 아래 표와 같다.

기존의 수업협의회와 성찰 중심의 수업나눔회 비교

구분	기존의 수업협의회	성찰 중심의 수업나눔회
수업 전문성의 이해	숙달된 기술자	성찰적 실천가
수업의 성격	기술적, 과학적, 평가적, 양적, 일시적, 객관적– 수업의 외면	예술적, 실천적, 이해, 질적, 장기적, 주관적– 수업의 내면
수업을 보는 관점	체크리스트 방식(양적 방법)의 표준화, 객관화된 틀로 분석(교사의 주관성 불인정)	질적 방법으로 수업자의 고민의 관점에서 수업 속의 의미 있는 지점, 의문 나는 지점을 살피기
수업을 보는 주요 부분	수업목표 달성도, 교사의 발문, 수업의 조직, 교수매체 활용, 평가 등	교사의 신념(의도), 학생들의 배움의 양상(학습의 과정), 교사–학생, 학생–학생간의 상호작용(관계), 교사와 학생의 정서
방향	내용 중심	과정(경험) 중심+ 내용 중심
참관자 역할	문제 해결자, 분석자, 평가자	이해자, 공감자, 동행자
사회자 역할	진행자, 타임키퍼	안내자, 주도권을 갖고 수업자의 성찰의 흐름을 보고 참관자 발언의 기회를 줌
수업개선 모델	처방모델	성찰모델
진행절차	1. 개회사 2. 수업자평 3. 참관자 의견 발표 4. 전문가 지도 조언 5. 총평	1. 교사의 문제의식, 고민 확인, 맥락 상황 등 파악(수업자의 시선 갖기) 2. 소그룹으로 수업나눔 3. 수업자의 시선에서 의미 찾기 (공유 및 대화) 4. 수업자의 고민에 머무르기(공유 및 대화) 5. 함께 깨달음 나누기

수업성찰 :
나다운 수업을 찾아가는 여정

수업나눔은 수업자가 주체가 되어 수업성찰하는 것을 목적으로 한다. 최근 수업혁신운동의 춘추전국시대라 할 정도로 많은 흐름이 있다. 새로운 수업하기 운동으로 협동학습, 프로젝트수업, 토의토론수업, 거꾸로교실, 하브루타, 비주얼씽킹 등이 확산되고 있다. 새로운 수업보기 운동으로는 수업비평, 아이 눈으로 수업 보기, 배움의 공동체, 수업코칭운동 등이 있다. 이러한 수업운동은 우리에게 주는 유익이 많고 너무나 바람직한 현상이다. 하지만 맹목적으로 이것저것을 받아들이는 것에 대한 고민이 필요하다고 생각한다. 일부 교사에게서 이러한 트렌드를 부지런히 쫓아다니며 배우는 것에 지나치게 몰두하는 모습을 보게 된다. 수업나눔을 하면서 깊은 내면화 없이 요즘 유행하는 수업모델을 적용하면서 힘들어하는 모습을 종종 본다. 이런 교사들은 수업성장모델을 마치 철로모델로 이해하는 듯하다.

철로는 한 길이다. 철로에는 먼저 타서 앞서가는 사람이 있고, 뒤서가는 사람이 있다. 그래서 '저 사람은 거꾸로교실 철로에, 배움의 공동체 철로에 저만큼 앞서갔는데, 난 뭐하는 건가?'라며 조바심을 느낀다. 하지만 좋은 수업을 향한 우리의 여정은 철로모델보다는 항해모델에 가깝다는 생각이다. 내가 생각하는 항해는 큰 범선이 아닌 돛단배를 타고 노를 저어가는 여정이다. 물론, 목적지는 있다. '아이들에게 배움의 기쁨이 넘치는 수업'이라는 목적지를 향해 배를 타서 노를 저어가며 파도의 결에 맞게 앞으로 나아가는 것이다. 때로 폭풍우를 만나면 좀 돌아가고, 힘들면 좀 쉬어가기도 하면서 자기 에너지에 맞게 나아가는 것이다. 남의 속도에 따라가기 위해서 자신을 몰아치기보다 나답게 자기 걸음으로 좋은 수업을 향한 여정을 걷자는 것이다.

좋은 수업이란 정해진 답이 있는 것이 아니다. 물론 좋은 수업이 갖고 있는 조건들을 상정할 수 있지만, 좋은 수업이라고 남이 규정한 것을 당위로 받아들이고 자신의 수업을 끼워 맞추기보다 나에게 맞는 수업을 찾는 작업을 해보자. 이러한 관점에서 "좋은 수업을 하려고 하지 말고, 내 수업을 하자"라고 이야기하고 싶다. 자기가 정말 하고 싶은 수업, 나에게 맞는 수업방법을 고민하며 성찰하는 과정이 필요하다. 다양한 수업모델을 배우더라도 주체적으로 고민하며 그것을 받아들였으면 한다. 즉, 교사 전문가로서 나다운 수업을 찾아가는 여정인 수업성찰의 경험이 많아야 하는 것이다.

수업친구 만들기를 넘어
학교 단위의 수업나눔운동으로

혼자서 수업성찰을 할 수도 있겠지만, 스스로 수업에 대해 많이 알아차리는 것은 한계가 있다. 그래서 좋은교사 수업코칭연구소는 2012년부터 수업친구 만들기 운동을 펼쳐왔다. 수업친구 만들기[13]는 비공식적인 일대일 동료성을 기반으로 서로 수업을 열고 함께 수업에 대해 나누자는 운동이다. 학교 안에 수업공동체가 없어도 수업나눔을 함께할 한 명의 교사만 찾으면 시작할 수 있어 용이하다. 이를

---

13 김태현(좋은교사 수업코칭연구소 부소장)이 쓴 『교사, 수업에서 나를 만나다』를 참고.

통해 자연스럽게 수업동아리, 수업공동체로 발전할 수 있어서 학교문화를 아래로부터 바꾸는 움직임이 될 수 있다.

하지만 교사가 성장할 수 있는 생태계를 위해서 공식적인 학교문화를 바꾸는 시도도 필요하다. 그래서 2014년부터는 단위학교에 긴 호흡으로 들어가서 수업나눔 문화를 정착시키는 운동을 펼쳤다. 2014년 일산신능중을 시작으로, 2015년은 소명여중, 원당중, 연현중, 동학중, 화홍중, 이천양정여중, 경안고, 수원제일중, 양평고, 이천고, 전주신흥고, 전주영생고 12개 학교에 들어갔다. 2016년은 본격적으로 신청을 받아 수업나눔 모델학교로 선정된 선사고, 산본고, 판교중, 익산부송중, 금성여중, 광주봉선초, 신용중 7개 학교에 지속적으로 들어가고 있다.

이 학교들에 설문과 인터뷰를 한 결과 다음과 같은 변화를 도출할 수 있었다. 첫째, 교사들의 대화 중에 일상적으로 수업에 대한 고민을 나누는 문화가 형성되었다. 둘째, 수업자의 수업을 나누면서 자신의 수업을 성찰하는 경험을 하게 되었다. 셋째, 교사로서의 정체성이 회복되고 내면의 힘이 생기게 되었다. 모든 학교는 아니지만, 외부 전문가들이 도와주는 단계를 넘어 자발적으로 수업나눔을 하며 교사 공동체가 건강하게 세워져 가는 학교들도 생기게 되었다.

수업나눔 프로세스[14]:

그렇다면, 학교 단위 수업나눔은 어떻게 진행

---

14 이규철(좋은교사 수업코칭연구소 소장)이 쓴 『수업코칭』을 참고.

되는 것일까? 기존의 수업협의회와 어떤 점이 다른지 궁금할 것이다. 지면 관계상 간단히 소개하고자 한다.

먼저, 수업자는 '수업나눔 전 성찰지'를 작성한다. 기존의 수업공개 지도안은 매우 형식적인 요소가 많으며, 수업에 대한 객관적인 정보를 줄 뿐 수업자의 고민, 의도, 관계의 맥락 등이 전혀 드러나지 않는다. 하지만 다음(112쪽)에 나오는 '수업나눔 전 성찰지' 양식에 맞추어 수업공개 전에 수업의 의도, 관계, 학생의 배움의 상황, 고민 등을 쓰면서 어떠한 관점에서 수업을 보고 나눌지 도움을 줄 수 있다.

수업나눔 전 성찰지를 바탕으로 수업을 본 다음, 본격적으로 수업나눔으로 들어가는데 아래의 그림과 같이 '이해-격려-직면-도전'의 4단계 과정을 거쳐 진행된다.

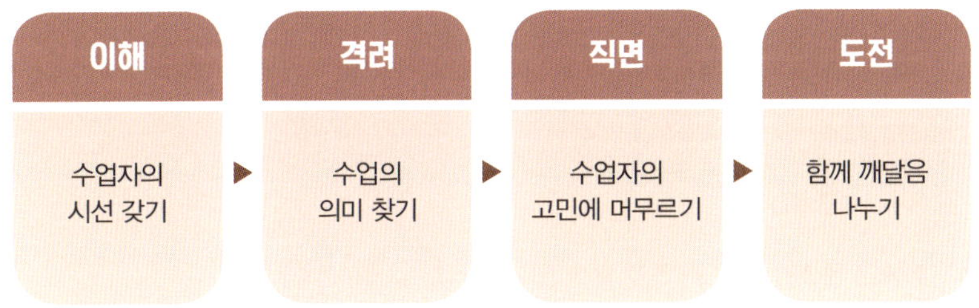

:: 수업나눔 프로세스15

---

15 필자가 지난 2년간 수업코칭연구소 상근자로 일하면서 학교에 들어가 80여 명의 교사를 만나 수업코칭을 한 경험과 비슷한 경험을 가진 수업코칭연구소 선생님들과 함께 논의를 통해 만들었다. 그러한 만큼 앞으로 이 프로세스가 수정, 발전할 수 있음을 밝힌다.

수업 나눔 전 성찰지

성명	이OO	경력	2년 6개월	과목	수학
학교	OO 초등학교	수업 학년/ 반		5학년 4반	
수업나눔안내자	손OO	수업 공개 날짜 · 교시		2015년 6월 23일 6교시	

1. 간략한 수업흐름은? (개요)

학습 목표	사다리꼴의 넓이 구하는 방법 알기	
수업 흐름	**단 계 별 지 도 내 용**	**자료 및 유의점**
	사다리꼴 구성요소 약속하기 (윗변, 아랫변, 높이)	사다리꼴
	사다리꼴 구하는 방법 알아보기(단위넓이, 공식유도)	
	사다리꼴 구하는 연습하기 (문장만들기 게임)	

2. 수업에 대한 고민은?

1) 이번 수업에서 어떤 의도를 가지고 가르치려고 합니까?

사다리꼴 구하는 방법을 도구적으로 이해하지 않고 어떤 과정을 통해서 그 방법을 찾을 수 있는지 알기를 바란다. 사다리꼴 2개로 평행사변형을 만들고 평행사변형 넓이 구하는 방법을 이용하여 사다리꼴 넓이를 구하는 과정을 익히도록 하고 싶다.

2) 수업과 관련해 평소에 고민했던 부분은 무엇인가요?

공식을 그냥 외우는 것과 공식을 유도하는 과정을 아는 것 중에서 중요한 것을 고르자면 공식을 유도하는 과정을 아는 것이라고 생각한다. 그러나 초등5학년 학생에게 공식을 유도하는 과정을 알아내 보라고 요구하는 것은 너무 어려운 과제라고 생각한다. 그래서 그 과정을 경험하도록 도와주는 역할을 하고 싶었다. 그런데 도와주는 역할을 원하지만 결국 수업에서는 교사 주도 수업으로 흘러가 버리기 때문에 학생들에게 얼마나 배움이 일어나는지 확인하기는 쉽지 않다.

3) 최근 수업을 하면서 가장 많이 했던 생각은 무엇인가요?

- 수업에 아이들을 참여시키는 방법이 무엇일까?
- 수업에 아이들이 집중하게 하는 방법은 무엇일까?
- 다 아는 내용을 또 배우는 아이들에게 이 수업을 통해 어떤 의미를 주어야 할까?
- 아이들은 수업내용을 얼마나 알고 있을까?
- 수업 내용을 모르면서 집중하지 않는 아이들의 심리는 어떤 것일까?

4) 이번 수업나눔을 통해서 해결되었으면 하는 부분은 무엇인가요?

아이들의 마음을 읽을 수 있는 눈이 좀 생겼으면 좋겠다. 학생들 영상을 보면서 계속 드는 생각은 수업에 참여하는 아이들만 참여하고 나머지 아이들은 방치되는 것 같다. 수업 시간 내내 짝과 장난치는 아이. 다른 생각을 하는 것이 눈에 보이는 아이를 어떻게 하면 수업에 참여하도록 할 수 있을지... 그런 아이들의 마음은 어떤 상태일지 알고 싶다.

1) 이번에 수업하는 학급에 대해서 알려 주세요. 주의 깊게 봐주었으면 하는 학생이 있으면 소개 해주셔도 됩니다.

우리 반은 수학 부진이 나타나는 아이가 4~5명 정도 있다. 빨강검정 줄무늬 티셔츠를 입은 아이와 맨 앞에 앉은 남자아이가 그 중 가장 빈번한 어려움을 보이는 학생들이다.

이 아이들이 수업에 얼마나 참여하고 있는지 무엇이 수업에 들어오는 것을 방해하는 것인지 주의 깊게 봐주면 좋겠다.

발표하는 것을 통해서 얼마나 수업에 참여하고 있는지를 가늠하는데 5명 정도는 꾸준히 발표를 하고 8명 정도는 보통, 나머지 5명 정도는 발표를 안 하는 편에 속한다.

2) 자리배치표

병★	지★	영★	샛★	수★	승★
수★	원★	지★	경★	우★	호★
서★	주★	예★	정★	정★	지★
		교탁			

:: 수업나눔 전 성찰지 실제 기록 예시[16]

1단계 : 이해

수업자의 시선 갖기 단계로, 수업자에게 성찰적 질문을 하고 대화하는 과정을 통해 서로 신뢰하는 단계이다. 수업자가 어떤 관점으로 수업을 디자인하고 진행했는지, 수업자의 신념과 감정, 생각 등을 들으면서 수업자를 둘러싼 환경을 이해한다. 관찰자의 시선이 아닌 수업자의 시

---

[16] 2015 광주 수업축제 때 수업을 공개한 이ㅇㅇ 선생님이 실제로 기록한 수업나눔 전 성찰지이다. 이 양식 외에도 수업보기 기록지, 수업나눔 참여지, 수업나눔 10가지 약속, 수업나눔 안내자 길잡이 등의 양식이 좋은교사 수업코칭연구소 카페(cafe.daum.net/happy-teaching)에 탑재되어 있으니, 활용하고 싶은 학교는 출처만 밝혀서 널리 활용하시면 된다.

선으로 수업을 이해하려고 노력한다.

2단계 : 격려

수업의 의미 찾기 단계로, 수업 속 가르침과 배움의 상황을 잘 살피면서 수업자가 수업에서 노력하는 지점 그리고 이를 통해 형성되는 배움을 찾아주는 단계이다. 수업자의 시선으로 의미 있는 지점을 찾아주면서, 수업자가 애쓰는 지점을 말하며 격려한다.

3단계 : 직면

수업자의 고민에 머무르기 단계로, 수업자가 스스로 자신의 고민을 찾게 하고, 수업친구는 그 이야기를 들어주면서 수업자의 고민에 함께 머무는 단계이다. 수업친구는 수업자의 고민에 대한 해결책을 제시해주기보다는 성찰적 질문을 통해 수업자가 자신의 욕구와 생각, 감정을 알아차리게 한다. 이를 통해 수업자가 고민에 대한 답을 스스로 찾아가게 한다.

4단계 : 도전

함께 깨달음 나누기 단계로, 일련의 과정을 통해 수업자가 새로이 깨달은 것을 찾아보게 하고, 더 성장하기 위해 도전하고 싶은 것을 말하게 하는 단계이다. 수업친구도 대화를 통해 자신의 수업에서 어떤 깨달음이 있었는지를 말하면서, 수업 속에서 함께 도전해야 할 것을 나눈다.

이 프로세스는 여러 명이 참여하는 수업나눔 진행을 돕기 위해 어쩔 수 없이 구조화시킨 것으로 순서대로 반드시 지켜야 하는 절차는 아니다. 이러한 프로세스보다도 사실 수업나눔에 임하는 시선이 더욱 중요하다. 교사를 수업으로 자신의 의미를 찾는 '존재'로, 수업을 교사의 생활이 투영되는 삶의 '흔적'으로 바라보는 시선으로 수업을 보고 나누는 마음가짐이 중요하다.

나답게, 자유롭게, 함께
봄길을 걸어가자

학교에서 수업나눔 문화를 깊이 뿌리내려 공동체를 세워가는 일은 쉬운 일이 아니다. 아직 대다수 학교 교사의 삶의 본토는 아래 그림과 같이 업무, 수업진도 등이 차지하고 있다. 지금까지 이야기한 수업친구와 수업나눔은 울릉도, 독도쯤에 위치해있다. 그러기에 수업나눔 운동은 교사의 삶의 본토를 교육의 본질인 수업으로 되찾

:: 단위 학교 수업나눔운동 현재 위치

는 ‘본토상륙작전’으로 비유할 수 있다.

교사 본토상륙작전은 교사가 주체가 되어 진정 자유롭게 수업에 대한 상상력을 펼쳐가고 성장하는 생태계가 넓어질 때 성공할 수 있을 것이다. 이를 위해 단위 학교 내의 수업공동체도 물론 중요하지만, 아직 그렇지 못한 학교를 위해 학교 밖에서 지원할 수 있는 공동체가 필요하다. 이 일에 좋은교사 수업코칭연구소는 작은 역할을 해왔다.

사실 필자가 속한 좋은교사 수업코칭연구소는 정말 얼렁뚱땅 만들어진 공동체이다. 2011년 김태현 선생님이 EBS ‘선생님이 달라졌어요’ 수업코칭 전문가로 참여할 때 ‘좋은교사 수업코칭센터장’이라는 직함을 만들었다. 사실은 센터원 한 명 없는 유령 조직이었다. 그러던 중 수업코칭연구회를 본격적으로 조직해보자고 2012년 1월에 서울 종로에서 이규철, 김태현, 김효수 세 사람이 만났다. 이때 나는 이왕이면 수업코칭연구소로 해야 더 있어 보인다고 주장했다. 그리고 연구소니까 소장, 부소장이 있어야 한다면서 이규철 소장, 김태현 부소장 그리고 처음 시작한 나는 선임연구위원으로 하면 될 것 같다며 우리끼리 직함을 나눠가졌다.

그때만 해도, 4년 후 이렇게 큰 조직이 될 것이라고 상상을 못 했다. 1년 과정을 수료한 연구위원이 128명이고, 수도권, 전북, 강원, 대전, 충청, 광주 모임으로 확산되었다. 또한, 수업나눔 확산을 위해 6년째 수업축제를 열고 있으며, 이제는 교육청과 연합하여 큰 행사를 치르는 공동체가 되었다.

실천교육교사모임도 앞으로의 모습이 상상할 수 없는 공동체로 성장할 것 같은 예감이 든다. 이 시대의 교사의 목마름에 반응하고 교사 스

:: 종로에서 수업코칭연구소를 시작한 날 기념사진   :: 2015년 광주수업축제

스로 주체가 되려는 움직임은 새로운 길을 내는 모습이다. 필자가 좋아하는 시 '봄길'과 같은 존재가 이 공동체라는 생각이 든다.

봄길 _ 정호승

길이 끝나는 곳에서도

길이 있다

길이 끝나는 곳에서도

길이 되는 사람이 있다

스스로 봄길이 되어

끝없이 걸어가는 사람이 있다

강물은 흐르다가 멈추고

새들은 날아가 돌아오지 않고

하늘과 땅 사이의 모든 꽃잎은 흩어져도

보라

사랑이 끝난 곳에서도
사랑으로 남아 있는 사람이 있다
스스로 사랑이 되어
한없이 봄길을 걸어가는 사람이 있다

학교가 조직이 아닌 공동체로 나아가는 길은 아직 멀어 보이는 겨울 길을 걷고 있는 듯한 느낌이다. 하지만 스스로 봄길이 되어 끝없이 걸어가는 선생님들이 있기에 우리에게 봄길은 가까이 다가올 것이다. 이번 교사가 만들어가는 교육 이야기 시즌 3 주제처럼 '나답게, 자유롭게, 함께!' 이 길을 걸어 가보자.

김효수 천안공업고등학교 사회 교사, 좋은교사 수업코칭연구소 부소장. 한국교원대학교 일반사회교육과 동대학원 석사학위, 박사과정을 수료했다. 2014, 15년에는 휴직하여 좋은교사 교육실천위원장 및 수업코칭연구소 상근자를 하면서 여러 학교를 돌아다니며 교사의 내면을 세우고 학교를 수업공동체로 세우는 수업나눔운동을 펼쳤다. 교육과정 기획력, 수업코칭, 수업성장, 교사학습공동체, 학교혁신 등에 관심을 가지고 삶의 현장에서 연구와 실천이 통합된 교사를 꿈꾸는 교사이다.

시를 통해
아이들과 하나 되기

최종득, 경남 거제 장목초등학교 교사

1999년 3월 초등학교 교사가 되고 나서부터 줄곧 경남 거제에 있는 작은 바닷가 학교에서 아이들과 함께 서로 가르치고 배우면서 살고 있다. 아침에 차를 타고 학교에 가면, 먼저 온 아이들이 내 차를 보고 달려온다. 한껏 웃는 얼굴로 달려오는 아이들이 너무 고마워 아이들을 꼭 안아준다.

날마다 하루를 이렇게 시작한다. 서로 반갑게 인사 나누고 어제 잘 잤는지를 묻는다. 자연스럽게 이야기를 나누다 보면 얼핏 얼핏 표정이 어두운 친구들이 보인다. 그러면 교실로 걸어가면서 둘만의 살짝 데이트를 한다. 어제 집에 무슨 일이 있었는지, 몸이 안 좋은지, 아니면 다른 까닭이 있는지 꼼꼼히 챙겨본다. 얼굴 표정으로 아이의 마음을 읽는다.

아이들과 인사를 나누고 나면 아침 활동을 한다. 월요일과 목요일은 책 읽기나 운동하기, 화요일은 자연과 대화하기, 수요일은 바닷길이나 산길 걷기, 금요일은 시 공부를 한다. 아이들은 수요일 아침을 가장 좋아한다. 수요일 아침은 무슨 일이 있어도 아이들과 함께 학교를 벗어나 바닷길을 걷거나 산길을 걷는다. 화요일 아침에는 자연과 대화를 한다. 겉으로 보기에는 사물 자세히 보고 그리기이지만, 좀 더 자세히 보면 자연과 대화를 나누는 시간이다. 되도록 살아있는 식물을 그린다. 금요일은 시 공부를 한다. 또래 아이들이 쓴 본보기 시를 가지고 좋은 시는 어떤 것인지 공부도 하고 자기가 경험한 것을 시로 쓴다. 좋은 시든, 좋지 않은 시든 자기 삶을 자기만의 언어로 쓴 것이라면 다 좋은 시라고 강조한다.

아침활동을 마치고 나면 아이들과 공부를 한다. 수업 시간은 최대한 재미있게 하려고 노력한다. 아이들은 재미있는 선생님을 좋아하기 때문에 나름 개그맨이라는 생각으로 수업을 한다.

수업 시간에는 아이들에게 "○○님"이라고 부른다. 수업 시간이 아니라도 "님" 자를 붙이지만, 수업 시간에는 무슨 일이 있어도 "님" 자를 붙이려고 노력한다. 아이들과 장난을 많이 치다 보니 나도 모르게 말이 함부로 나와 아이에게 상처를 주는 일이 잦아서 "님" 자 붙이기를 했는데 그 뒤로는 자연스럽게 아이들을 존중하게 되고 스스로 조심하는 수업이 되어서 참 좋다.

수업을 다 마치고 헤어질 때는 "사랑합니다"라는 말과 함께 꼭 껴안아준다. "오늘 하루도 정말 수고 많았어요" 하면서 서로 등을 토닥인다. 솔직히 이 시간이 참 좋다. 아이들을 꼭 껴안으면 한없이 마음이 편안해진다. 그리고 오늘 하루 화를 내서 아이의 마음을 아프게 했다면, 그 아이한테는 꼭 미안하다고 말하면서 더 힘껏 안아 준다. 몸으로 인사를 나누다 보니 서로를 더 좋아하게 되고 마음이 잘 통하는 것 같아 참 좋다. 무엇보다 하루를 사랑하는 마음으로 마무리할 수 있어 더 좋다.

난 아이들과 친구처럼 지내려고 노력한다. 아니, 좀 더 솔직하게 말하면, 아이들이 나를 만만하게 여기길 원한다. 우리 학교 아이들은 날 쫀드기쌤, 찐드기쌤, 쫀득쌤, 득쌤, 득아쌤, 최쌤과 같이 자기 마음 내키는 대로 부른다. 내가 쓴 동시집 『쫀드기 쌤 찐드기 쌤』이 나오고부터는 거의 쫀드기쌤으로 부르지만, 어떤 때는 그냥 멀리서 '쫀드기' 하면서 부른다. 그럴 때는 화를 내기보다 웃어준다. 얼마나 내가 만만하게 보이고 편하면 저렇게 부를까 싶어 기분이 좋아진다. 그러면서 그 아이를 살짝 불러 사람이 많을 때는 그래도 이름 뒤에 '쌤'이라고 꼭 붙여달라고 살짝 빈다.

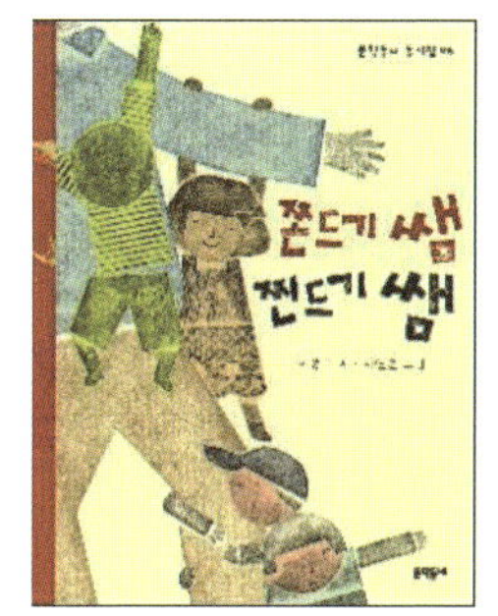

이렇게 아이들과 즐겁게 지내는 것이 꿈만 같다. 내가 이렇게 행복하게 살 수 있었던 것은 다 '시' 때문이다.

나는 다섯 살 때부터 초등학교 선생님이 되고 싶었다. 시골에서 자랐기 때문에 그때는 선생님이 가장 위대한 사람인 줄 알았다. 1999년에 난 20년 동안 간직한 꿈을 이루어 초등학교 교사가 되었다. 꿈이 현실로 이루어졌으니 하루하루가 행복 그 자체였다. 그러면서 좋은 교사가 되어야겠다고 생각하고 밤잠을 설쳐가면서 교재연구도 하고 정말 열심히 아이들을 가르쳤다. 그리고 아이들이 좋아할 만한 활동들은 어떤 것이 있을까 고민하면서 아이들이 정신을 못 차릴 정도로 깜짝 놀라게 하는 이벤트도 열었다.

나는 하루하루가 행복해 죽겠는데 나와 함께하는 아이들은 좀처럼 행복한 얼굴을 보여주지 않았다. '내가 이렇게 열심히 노력하는데 왜 아이들은 행복해하지 않을까?' 하는 고민이 '왜 나는 이런 교사밖에 못 되는가?'로 확대되면서 날 괴롭혔다.

그러다가 이오덕 선생님을 알게 되었고 이오덕 선생님이 쓰신 책들을 찾아 읽기 시작했다. 틈날 때마다 읽고 또 읽었다. 그러면서 아이들을 자세히 살펴보기 시작했다. 아이가 혼자 앉아 있으면 "왜 혼자 앉아 있는데?" 하면서 아이한테 말을 붙였다. 처음에는 이야기를 하지 않던 아이들이 내가 안쓰러운지 나한테 슬슬 말을 하기 시작했고 나중에는 고맙게도 자기 마음속에 있는 말들을 해 주기 시작했다. 그럴수록 아이들이 좋아졌고, 난 아이들이 하는 말을 잘 들어주었다. 그러니 아이들도 자기 이야기를 잘 들어주는 나를 조금씩 좋아해주기 시작했다.

아이들 말을 듣기 시작하면서 세상을 다르게 볼 수 있는 눈과 마음을 가지게 되었다. 아이들은 내가 미처 보지도 느끼지도 못한 세계를 말해주었다. 자기 이야기를 하면서 눈물 흘리는 아이도 있고, 마음속에 있는 말을 다 말하고는 이제 개운하다며 웃으면서 가는 아이도 있었다. 아이들이 들려준 소중한 말을 그냥 내버려 둔 수가 없어서 시를 쓰기 시작했다. 시를 쓰면 쓸수록 아이들을 더 많이 이해하게 되었고, 더 많이 좋아하게 되었다. 그리고 하루하루가 그저 행복했다. 이런 행복을 우리 아이들도 느끼면 좋을 것 같아 시 공부를 시작했다.

왜 하필 시를 선택했나?

지금 세상에서 가장 힘든 삶을 살고 있는 사람은 공부하는 우리 아이들이다. 물론 어른들도 힘든 삶을 살고 있기는 하다. 그렇지만 어른들은 힘들거나 스트레스를 받으면 스스로 풀 방법이 있지만, 우리 아이들은 그런 방법이 없다. 학교 공부와 학원 공부에 시달려야 하고 끊임없이 어른들의 눈치를 보면서 살아야 한다. 이렇게 아이들 삶이 힘들고 바쁠수록 가슴속에는 미움만 싹트고 불만만 늘어간다. 이런 미움과 불만들을 가슴속에 계속 지니고 살면, 그 불만과 미움이 마침내는 아이들을 병들게 한다.

무엇보다 이런 아이들 가슴속에 있는 미움과 불만을 터뜨려주고 싶었다. 자기 가슴속에 있는 응어리진 미움과 불만을 제때제때 터뜨려서 자기를 사랑할 수 있는 마음과 힘을 가지게 하고 싶었다. 자기가 자기를 사랑하지 않고, 자기가 자기를 귀하게 여기지 않으면 이 세상 누구도 자기를 사랑해 주지 않고 귀하게 대접하지 않는다는 사실을 꼭 알려주고 싶었다.

이런 미움이나 불만을 터뜨려 줄 수 있는 가장 좋은 방법이 시 쓰기다. 시는 글쓰기 갈래 가운데서 가장 짧기 때문에 아이들이 부담을 적게 느낀다. 그리고 지극히 주관적이고 개인적인 문학 갈래이기 때문에 자신의 감정을 쉽게 표현할 수 있다. 가슴속에 꽉 찬 마음을 글로 쓰는 것만으로도 좋은 시가 될 수 있는 이유가 이 때문이다.

또, 아이들과 시를 공부하면 아이들을 더 자세히 알 수 있고 마음을 나눌 수 있다. 아이들이 쓴 시를 가지고 이야기 나누다 보면 지금까지 알지 못했던 아이들에 대해 더 자세히 알 수 있고, 더 자세히 알 수 있기 때문에 더 친해질 수 있고, 더 친해질 수 있기 때문에 그 아이를 더 좋아할 수 있다. 시는 아이들과 나를 하나로 연결해주는 끈이다.

마지막으로 작은 것에도 관심을 가지고 자연을 사랑하는 마음을 심어 주고 싶었다. 시는 대충 보고 생각해서는 쓸 수 없다. 좀 더 자세히 보고, 좀 더 오래 봐야만 나만의 시를 쓸 수 있다. 남이 보지 못한 것을 보는 눈, 남이 생각하지 못한 것을 생각하는 머리, 남들이 느끼지 못한 것을 느낄 수 있는 가슴을 아이들이 갖게 하고 싶었다. 그래서 세상살이가 힘들거나 괴로운 것이 아니라 행복하다는 것을 시를 통해 느끼게 하고 싶었다.

시는 마음 열기다

'시' 하면 가장 먼저 생각나는 아이가 경민이다. 경민이네는 전복 양식을 하다가 실패해서 내가 있는 바닷가 작은 학교로 전학을 왔다. 그런데 나는 이 사실을 처음에는 몰랐다. 경민이는 바닷가 아이답지 않게 언제나 예쁜 옷을 입고 다녔다. 성격도 참 밝았고 공부도 잘해서 여자아이들한테 질투의 대상이었다. 그런데 어느 날 아이들과 같이 시를 쓰고 자기 시를 발표하는 시간에 경민이가 자기가 쓴 시를 읽다가 그만 울어버렸다. 경민이 시를 듣고 있던 아이들도 경민이한테 미안했는지 따라 울었다. 나도 옆에서 어쩔 줄 몰라 따라 울었다. 울음을 그친 경민이가 자기 집 이야기를 하기 시작했고 아이들은 모두 경민이를 꼭 안아주었다. 경민이가 자기 집 어려운 사정을 숨기기 위해 얼마나 아이들 앞에서 빈틈을 보이지 않으려고 노력했을지 생각하면 마음이 아팠다.

가족사랑

4학년 김경민

우리 집은
의료보험증이 없다.
그래서 아프면
다른 사람 의료보험증을 빌린다.
그럼 난 다른 애가 된다.
그럴 때마다
"미안하다"
말 한마디에
마음이 풀린다.
(2003년)
_《노래하는 섬 아이들 첫 번째》

지금도 이 시를 볼 때마다 경민이 얼굴이 떠오르고 그때 일이 생생히 기억난다. 만약 경민이가 이 시를 쓰지 않았다면, 우리는 경민이의 겉모습만 보았을 것이고 아이들이나 나나 어쩌면 경민이에게 커다란 상처를 줄 수도 있었을 것이다. 경민이가 시로 자기 마음을 열어주었기 때문에 이런 감동이 있는 경험을 할 수 있었고 지금까지 아이들과 시로 마음을 나누는 공부를 할 수 있었다.

시는 눈물이다

　　　　　　　　'시' 하면 눈물이 먼저 떠오르는 아이가 있다. 그 눈물 많은 아이한테 난 세상에서 가장 큰 훈장을 받았다. 벌써 십 년이 지난 이야기다. 혜지가 친구들과 함께 중학교 졸업식을 마치고 날 찾아 왔다. 오랜만에 만난 아이들과 초등학교 때 이야기와 자기의 진로에 관한 이야기를 나누었다.

　"선생님! 사실 저는 중학교 가서 공부를 못했어요. 아버지 돌아가시고 정신이 하나도 없었거든요. 그래서 남들이 말하는 안 좋은 고등학교에 가요. 그래도 저는 행복해요. 힘들거나 어려운 일이 생기면, 초등학교 때를 생각해요. 시를 읽고, 시를 쓰고, 시를 이야기 나누면서 참 즐거웠고 행복했어요. 초등학교 때 선생님과 같이 지낸 이 년이 정말 즐겁고 행복했기 때문에 그때 기억만으로도 평생 행복하게 살 수 있어요. 힘들고 어려운 일이 있으면, 그때 행복했던 순간을 꺼집어내서 행복하게 살 수 있으니 걱정 마세요."

　혜지의 말을 듣는데 너무 고마워서 눈물이 났다. 사실 나는 그때 아이들과 이런 방법으로 공부를 계속해도 되는지, 괜히 아이들에게 혼란만 주는 것은 아닌지 고민하던 시기였다. 그리고 내가 지금 아이들과 함께하는 공부가 참된 공부인지, 아이들은 과연 행복하게 살 수 있을지 불안하고 초조했던 시기였다. 그럴 때 혜지가 나에게 엄청난 힘을 주었다. 혜지의 말 덕분에 난 확신할 수 있었다.

　'우리 아이들이 행복하게 살 수 있는 힘을 길러주자! 그 힘은 아이들과 같이 시 공부를 하는 것이다. 시 공부를 하면서 행복을 찾고 짓는 법을 가르쳐 주자. 자신이 찾은 행복과 지은 행복으로 평생 행복하게 살

수 있도록, 건강하게 살 수 있도록 하자.'

눈물

4학년 이혜지

눈물은

눈물은

왜 중요할 때는

안 나고

별로 중요하지 않을 때

나는 걸까?

(2003년)

_《노래하는 섬 아이들 첫 번째》

헤어진 뒤

6학년 이혜지

엄마와 떨어져 산 지 오 년

맨 처음엔 몰랐다. 빈자리가 그리 클지

일 년, 이 년, 삼 년

나이를 한 살, 두 살, 세 살 먹을수록

더욱더 커지는 빈자리와 그리움

시는 희망이다

'시'가 아이의 삶을 통째로 바꿀 수 있을까? 그 물음에 답을 준 아이는 현빈이다. 현빈이는 섬마을 작은 학교에서 소문난 말썽꾸러기였다. 친구들을 때려서 울리는 것은 보통 있는 일이고, 동네 어른들한테 버릇없이 굴어서 학교로 연락 온 적도 한두 번이 아니었다. 이런 현빈이를 친구들은 슬슬 피해 다니기 시작했고, 학교 선생님들도 현빈이 하면 고개를 절레절레 저었다. 학년이 바뀔 때 나는 현빈이가 있는 4학년을 맡았다. 내가 먼저 마음을 열고 다가가면 현빈이도 언젠가는 마음을 열어줄 거라는 생각에 현빈이한테 장난도 치고 다른 친구들이 샘을 낼 정도로 잘 대해 주었다. 현빈이가 조금씩 변해가는 것을 느끼며 마음속으로 참 흐뭇했다.

그런데 4학년이 되어서는 친구를 잘 때리지 않던 현빈이가 하루는 친구를 심하게 때렸다. 현빈이한테 친구를 왜 때렸는지 물었는데 아무 이유 없이 그냥 때렸다고만 할 뿐 고개를 숙인 채 말이 없었다. 그런 현빈이를 보고 있으려니 화가 났지만, 분명히 무슨 이유가 있을 것 같아 다시 현빈이한테 말을 걸었다. 내가 자기를 얼마나 좋아하는지, 조금씩 변해가는 현빈이를 얼마나 자랑스럽게 여기고 있는지 진지하게 이야기했다. 내 말을 듣고 있던 현빈이가 말을 하기 시작했다.

유치원 때 친구 네 명이 자기를 놀리며 때렸는데 그때 일이 생각나서 때렸다는 것이다. 1학년 때 한 명, 2학년 때 한 명, 3학년 때 한 명씩 다 때리고 이제 이 친구만 남아서 때렸다는 것이다. 현빈이 말을 듣고 있는데 몸이 오싹해졌다. 열한 살 아이가 이럴 수가 있는가 하는 생각이 들었다. 자신이 감당할 수 없을 정도로 마음속에 꽉 찬 응어리를 어떻게 풀어줘야 할지 도저히 생각이 나지 않아 고개를 숙이고 있는 현빈이한테 마음이 갑갑하거나 힘들 때면 시를 써보라고 했다. 마음속에 꼭꼭 담고 있는 것보다 시를 쓰면 훨씬 마음이 편안해진다고 하면서.

이 일이 있은 후 현빈이는 우리 반에서 시를 가장 열심히 쓰는 아이가 되었다. 현빈이가 쓴 시는 솔직하면서도 감동이었다. 자기가 생각하고 있던 것이나 마음에 쌓아두었던 것들을 현빈이는 바로바로 시로 나타냈다. 다른 친구들도 현빈이가 쓴 시를 듣고 현빈이를 조금씩 다르게 보기 시작했다. 자기를 괴롭히거나 때리는 현빈이가 아닌 거미줄에 걸린 잠자리를 보고 그냥 지나치지 못하고 잠자리를 살려준 마음이 따뜻한 아이로, 동네에서 말썽만 피우던 아이가 아닌 새벽부터 일 나가시는 부모님을 끔찍이 생각하는 속 깊은 아이로 보기 시작했다. 학교 선생님들도 현빈이가 쓴 시를 보고는 말썽만 피우던 현빈이가 이런 멋진 시를 쓸 줄은 몰랐다면서 현빈이를 따뜻하게 대해 주었다. 현빈이가 행복해할수록 현빈이가 쓰는 시에는 아름다운 내용이 자꾸자꾸 나왔다. 내가 부탁을 해서 현빈이가 마지막으로 쓴 시이다.

내가 바뀐 이유

4학년 김현빈

4학년이 되었다.
선생님이 말을 걸어도 귀찮다.

선생님이 시 한편 쓰자고 했다.
쓰기 싫지만 할 수 없이 시를 썼다.

선생님한테 보여주니
나를 보고 웃는다.
내 엉덩이를 찰싹 때리며
현빈이 시 참 잘 썼구나 한다.
왠지 마음이 편안하다.
이런 마음은 처음이다.

이제는 친구들하고 어울리고 싶다.
친구들하고 친하게 지내고도 싶다.
내 마음을 헤아려 주는
선생님이 좋아진다.
시가 좋아진다.
(2004년 12월 13일)
_《노래하는 섬 아이들 두 번째》

시는 행복이다

　　　　　　　아이들과 시 공부를 하면서 가장 중요하게 생각하는 것은 시를 잘 쓰게 하는 것이 아니라 시를 통해 아이들이 행복을 느끼게 하는 것이다. 시를 쓰면서 자기를 들여다보고 그러면서 자기를 귀하게 여기고 사랑하게 하는 것이다. 모든 행복의 기본은 자기를 귀하게 여기고 사랑하는 것에서 출발한다. 그 마음이 차고 넘치면 자기 주위에 있는 것들도 사랑하게 되고, 그 사랑을 통해 행복을 느낄 수 있다.

　미경이는 아주 어릴 때 엄마와 헤어졌다. 아빠랑 할아버지, 할머니랑 살다가 초등학교 1학년 때는 아빠가 사고를 당해 하반신 마비가 되었다. 그런데 미경이는 잘 웃고 누구보다 행복하게 살아간다. 미경이가 행복하게 살아갈 수 있는 까닭은 틈날 때마다 시를 통해 자신의 응어리진 마음을 풀었기 때문이다.

아름다운 우리 집

4학년 전미경

할아버지는 회사를 그만두셨지만

일자리 구하러 다니는 것이 아름답고

할머니는 다리를 다치셨지만

활짝 웃는 것도 아름답고

아빠는 얼굴, 머리, 팔만 쓸 수 있고

밑에는 전부다 마비가 되었지만

휠체어 타고 집에 오는 것도 아름답다.

내 눈에는 그 아름다움이 다 보인다.

(2013년 9월 12일)

_《노래하는 섬 아이들 열한 번째》

시 쓰기, 어떻게 할까?

시 쓰기를 할 때 가장 먼저 생각해야 할 것은 아이들과 시 공부 하는 목적을 똑바로 정하는 것이다. 시 공부를 하는 목적은 우리 아이들이 보다 나은 삶을 살 수 있게 하여 올곧은 사람으로 자라도록 하는 것이다. 다시 말해 아이들이 사람다운 사람으로 보다 행복하게 살 수 있도록 하기 위해 시 공부를 하는 것이다. 시를 잘 쓰기 위해서 시 공부를 하는 것은 절대 아니다. 이런 까닭에 아이들과 만나면 한 달 정도는 시에 대한 잘못된 생각을 깨뜨리는 시간을 갖는다. 좋은 시와 좋지 않은 시를 비교해보면서 좋은 시는 어떤 시인지, 시는 무엇인지 이야기를 나누고 되도록 좋은 어린이 시를 많이 들려준다.

한 달 남짓 아이들과 같이 좋은 시를 읽고 느낌이나 생각을 서로 이야기 나누다 보면 아이들도 어느 정도 시가 무엇인지, 어떤 시가 좋은 시인지, 시를 어떻게 써야 할지 대충 느낌으로 안다. 그러면 아이들에게 시공책과 시수첩을 선물로 준다. 시공책은 시 공부한 것을 다 모으는 공책이고 시수첩은 항상 가지고 다니면서 순간순간 떠오르는 생각이나 느낌, 그리고 어떤 일을 경험했을 때 갑자기 드는 생각을 잊어버리기 전에 빨리 적는 수첩이다.

시 공부 시간은 금요일 아침 시간과 1교시 국어수업을 이용한다. 국어과 교육과정을 재구성하여 금요일 1교시는 시 공부 시간으로 정한다. 아이들과 시를 쓸 때 가장 쉬운 방법은 또래 아이들이 쓴 본보기 시를 가지고 공부하는 것이다. 아침 시간에 칠판에 본보기 시를 적어 준다. 아이들은 자기 시공책에 본보기 시를 따라 적고 처음 한 달 동안은 시 쓰는 것에 대한 부담을 줄이기 위해 본보기 시 밑에 생각이나 느낀 점을 한두 줄 적게 한다. 한 달 정도 지나고 나면 본격적으로 시 쓰기 활동을 시작한다.

먼저 본보기 시를 보고 비슷한 경험을 이야기 나눈다. 되도록 많은 이야기가 나올 수 있도록 자유스러운 분위기 속에서 이야기를 나누고 경험이 비슷한 친구끼리 서로 이야기를 나누기도 한다. 이 활동이 시 쓰기에서 가장 중요한 활동이다. 이야기를 나누면서 어떤 것이 시 거리가 될 것인지, 어떤 내용으로 시를 쓸 것인지 스스로 찾도록 한다. 처음에는 아이들이 어려워하기 때문에 교사가 이야기를 듣고 어떤 것이 시 거리가 될 것인지, 어떤 내용으로 시를 쓰면 되겠는지 넌지시 알려주는 것도 좋은 방법이다.

처음에 시를 쓰면 아이들이 본보기 시를 모방하려고 한다. 본보기 시는 아이들이 시를 쉽게 쓸 수 있도록 하기 위한 하나의 자료에 불과하다. 아이들에게 자기만의 이야기를 써 보자고 하면 이런 현상은 없어질 것이다. 어느 정도 시를 쓰게 되면 아이들이 알아서 시를 쓰게 한다. 교실을 벗어나서 밖에서 시를 쓰는 것도 좋은 방법이다. 교사는 아이들이 시를 써 오면 격려하고 칭찬해 주면 된다. 세상에서 가장 잘 쓴 시라고 한껏 아이를 치켜세우면서 보충할 부분이나 고쳐야 할 부분을 조심스럽게 말해주면 된다. 물론 시를 고치는 것은 아이, 즉 시를 쓴 작가의 몫이다.

아이들이 시를 쓰고 나면 자신이 쓴 시를 원하는 아이들을 중심으로 해서 발표를 한다. 대부분 모든 아이가 자기 시를 자랑하고 싶어서 발표를 한다. 발표가 끝난 시는 따로 컴퓨터 작업을 해서 우리 반 교실 뒤에 있는 상설 전시장인 〈시 읽기, 삶 읽기〉 코너에 붙여두어서 언제라도 볼 수 있게 한다.

일주일에 한 번 시간을 정해서 국어 시간에 시를 쓰는 것은 기본이고 틈날 때마다 자기가 쓰고 싶은 시가 있으면 시공책에 쓴다. 아이들 삶 속에서 자연스럽게 시를 쓸 수 있도록 하여 자신이 경험하고 느낀 것을 바로바로 시로 쓸 수 있게 한다. 이렇게 아이들과 시 공부를 하고 나면 11월 마지막 날에 아이들에게 '은행잎 편지'와 '꼬마 시인증'을 선물로 준다. 4월부터 11월까지 아이들이 꾸준히 시를 써 준 것이 고맙기도 하고 아이들이 시를 사랑하는 마음으로 평생 살아갔으면 하는 바람에서 작지만 내 나름대로 소중한 선물을 준다. 생각보다 아이들이 좋아하고, 몇 년이 지난 아이들도 그 이야기를 꼭 하면서 아직도 은행잎 편지와 꼬마 시인증을 지갑에 소중히 넣어 다닌다고 자랑을 한다. 그리고 2월에는 아이들이 쓴 시공책에서 시를 가려 뽑아 세상에서 하나뿐인 〈노래하는 섬 아이들〉 학급 시집을 만든다.

시 공부와 함께한
마음 열기 활동

시는 그냥 써지지 않는다. 다양한 경험을 통해서 자신이 생각하고 느낀 것을 자기만의 언어로 쓰는 것이기 때문에 아이들에게 교실에 가만히 앉아서 시를 써보자 하는 것은 여간 고통스러운 것이 아니다. 물론 아이들은 자기가 경험한 일을 잘 떠올려서 쓰겠지만, 요즘 아이들은 학교와 학원 때문에 자기 시간을 갖기가 힘들다. 교사는 이런 아이들이 다양한 경험을 할 수 있게 해야 한다. 경험이 직접적인 것이든 간접적인 것이든 교사가 꼭 해야 할 일이다. 다시 말해서 아이들에게 시 거리를 제공해 주어야 한다는 것이다. 수업 시간이나 수업 시간 외에도 아이들이 다양한 경험을 할 수 있고 그 경험을 통해 생각할 수 있게 해야 한다. 물론 시를 쓰고 안 쓰고는 아이들 몫이지만, 교사는 아이들이 자신의 마음을 보여줄 수 있도록 감성을 최대한 끄집어내어야 한다. 물론 이런 다양한 활동들은 아이들의 삶을 생각해서 의미 있는 활동들이어야 한다.

아침 들길 걷기로 마음 나누기

수요일 아침마다 아이들과 함께 들길, 산길, 바닷길 걷기를 한다. 봄이면 풀꽃에 정신이 팔려서 수업 시간을 놓치고, 여름이면 바닷가에서 물장난치다가 옷을 다 적신다. 그리고 산에 가서 산딸기도 따 먹고 오디도 따 먹는다. 가을이면 논에 고개를 숙인 벼들과 이야기를 나누고 겨울이면 옷깃을 여미면서도 서로 손을 꼭 잡고 겨울바람을 맞는다. 비가 오면 우산을 쓰고 비를 맞으면서 들길을 걷고, 더우면 나무 그늘에 앉아서 이야기 나누고, 추우면 추운 대로 그렇게 수요일마다 학교를 벗어나 우리만의 시간을 갖는다. 따로 뭔가를 준비하지 않아도 학교 울타리를 벗어나는 것만으로 아이들의 마음이 열리고 감성이 살아난다. 들길을, 산길을, 바닷길을 걸으면서 보고, 듣고, 느끼면서 모두 시인이 된다.

텃밭 가꾸기로 땀의 소중함 알기

내가 만나는 아이들 대부분은 바닷가와 농촌 아이들이다. 그렇지만 도시 아이들과 마찬가지로 자연에 대해 잘 모른다. 부모님은 농사를 짓고 계시지만, 우리 아이들은 농사에 대해 잘 모른다. 자기가 직접 키워서 수확하는 기쁨을 알지 못한다. 일하는 삶이 얼마나 소중한 삶인지 알지 못한다. 그래서 학교 텃밭에서 아이들과 같이 농사를 짓는다. 봄에는 감자와 당근을 심고, 여름에는 옥수수, 가을에는 무와 시금치를 심는다. 틈나는 대로 밭을 일구고 풀도 뽑고, 그렇게 해서 가꾼 감자와 당근, 옥수수, 무는 수확해서 같이 나눠 먹는다. 집에도 가져가서 식구들한테 자랑도 하고 부모님의 힘든 삶도 이해하는 기회를 만든다.

자연과 대화하며 생각 키우기

화요일 아침마다 〈자연과 대화〉 공책을 들고 운동장으로 나간다. 〈자연과 대화〉 이름은 거창하지만, 사실은 자세히 살펴서 그림 그리는 것이다. 좋은 시를 쓰려면 어떤 현상이나 사물을 자세히 보아야 한다. 그래야 남들이 보지 못하는 것을 볼 수 있고 남들이 생각하지 못하는 것을 생각할 수 있다.

사실 그림 그리기보다는 살아있는 식물을 그리면서 그 식물과 함께 시간을 보내자는 의미가 더 크다. 30분 동안 풀 옆에서, 꽃 옆에서, 나무 옆에서 자리를 지키고 그냥 아무 생각 없이 바라보고 있으면 괜히 그 꽃이나 식물에 정이 가고, 정이 가는 만큼 그림을 그리고, 그리다가 다 못 그리면 다음 주 화요일에 그리면 된다.

아이들의 감성을 키울 수 있는 또 다른 활동들로는 토요일 자연 여행 떠나기, 아침 시간 차 나눠 마시기, 그림책 읽어 주기, 급식소 엎어주기 따위가 있다. 집에서도 공부, 학교에서도 공부, 공부에 지친 아이들이 잠시라도 행복할 수 있는 일이라면 아이들과 함께하려고 한다.

이런 교사이고 싶다

아이들과 18년 동안 생활하면서 해마다 조금씩 나 스스로 참 좋은 사람이 되어 간다는 것을 느낀다. 아이들한테 사랑받고 싶어서 좋은 사람으로 살려고 노력하다 보니 어느 순간 아이들이 좋아하는 교사에 가까워지고 있다. 아이들보다 먼저 울고, 아이들보다 먼저 웃는 가장 사람다운 사람으로 살다 보면 언젠가는 아이들이 자기 친구를 대하듯 날 만만하게 대해주겠지 하는 생각을 한다.

그리고 아이의 글을 소중히 여기고, 아이의 마음을 어루만질 줄 아는 마음이 따뜻한 교사이고 싶다. 6년 전부터 경남에 있는 초등학교 선생님과 어린이문학에 관심 있는 사람들과 함께 달마다 〈어린이시 회보〉를 만들고 있다. 어린이시를 어떻게 아이들과 나눌 것인지 달마다 모여서 고민하고 그 고민들을 담아 달마다 다음카페 《어린이시 나라》에 〈어린이시 회보〉를 올린다. 〈어린이시 회보〉 활동을 통해 어린이시선집 『숙제 다했니?』와 『붕어빵과 엄마』를 엮었다. 이렇듯 아이의 글을 소중히 여기면 저절로 아이의 마음을 알 수 있고, 아이의 마음을 알 수 있다면 아이 한 명, 한 명을 따뜻하게 대할 수밖에 없을 것이다.

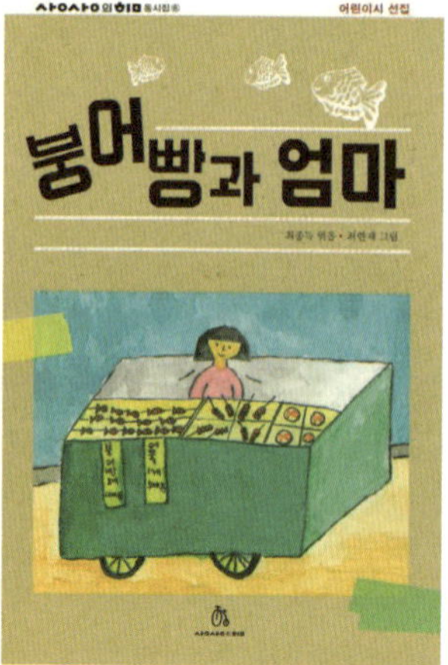

　마지막으로 아이를 늘 하늘처럼 여기는 교사이고 싶다. '밥이 곧 하늘이다'는 말이 있듯이 아이가 없다면 우리는 존재할 까닭이 없기 때문에 우리 교사한테는 아이들이 하늘이다. 그런데 우리는 아이들이 힘이 없다는 이유로, 어리다는 이유로, 아직 성숙하지 않았다는 이유로 너무 쉽게 대하려고 한다. 그리고 어떤 문제가 생겼을 때는 아이 입장이 아닌 어른 입장, 교사 입장에서 해결하려고 한다. 순간순간 나도 이럴 때가 있지만 아이 입장에서 아이 마음에서 세상을 보려고 노력한다. 무엇보다 아이를 하늘처럼 귀하게 여기는 마음을 평생 간직하는 교사이고 싶다.

최종득 아이들이 교사를 만만하게 보아야 제대로 된 교육을 할 수 있다는 생각에 아이들 곁에서 '아이친구'로 살고 있다. 아이들의 삶이 조금이라도 행복했으면 하는 마음으로 15년 넘게 아이들과 함께 시 공부를 하고 있으며, 해마다 아이들이 쓴 시를 엮어 『노래하는 섬 아이들』 학급 시집을 내고 있다. 아이들의 삶이 묻어나는 동시를 써서 『쫀드기쌤 찐드기쌤』을 출간했으며, 어린이시선집 『붕어빵과 엄마』를 엮었다. 여전히 아이들에게 만만한 교사이자 어른으로 살기 위해 노력하고 있다.

청소년이 스스로 만들어가는
프로젝트 마을학교,
꿈이룸학교

김현주, 천보중학교 교사, 꿈이룸학교 길잡이 교사

세월호 참사 이후 진실이 무엇인지도 밝혀지지 않고, 아무도 책임지지 않은 채 2년의 시간이 흘러가고 있다. 과거를 잊은 민족에게 미래는 없으며, 역사를 통해 미래를 준비해야 할 교육의 책무성은 앞으로 어떤 것을 이야기해야 할까…….

꿈이룸학교는 세월호 참사 이후 각자의 위치에서 책무성을 잃어버린 어른들의 모습을 반성하며, 가만히 있으라는 어른들의 요구를 뛰어넘어, 불안한 사회와 무책임한 어른들이 만들어 주는 것이 아닌 스스로 배움을 찾아가며 미래를 준비하는 '학교 너머 배움터'를 만들고 있다.

스스로 안전을 지켜내려면 현상을 제대로 바라볼 수 있는 비판적인 눈과 생각하고 판단할 수 있는 머리와 경험과 실천이 필요하며, 제대로 알아야 하고 무엇이 위험인지 모르는 게 진짜 위험한 것이라고 이야기하면서, 이 시대에 우리가 원하는 배움이 무엇이고 그것을 지역에서 실현하기 위해 우리 스스로가 무엇을 할 것인지를 함께 모여 이야기해보는 시간을 갖고 있다.

꿈이룸학교 청소년들은 학교를 넘어서 함께 배우고 꿈을 펼칠 수 있는 공간을 찾아 나서며 스스로 기획하고 실행할 수 있는 능력을 키우고, 지역사회와도 연계하여 집단 간의 상호작용을 통해 자기를 이해하고 성찰하는 힘을 길러 스스로가 자기 삶의 주인이고 나를 둘러싼 마을의 주인임을 인식하며 민주주의를 만들어가고 있다.

꿈이룸학교의 시도는 교육의 공공성과 민주주의의 회복을 통해 교육의 본질을 찾아가며 혁신교육의 방향을 보여주고 있는 것이다.

교육의 공공성 회복

그리스에 세워졌던 세계 최초의 학교인 아카데미아(academia)의 기능은 교양의 전승(literacy), 민주주의(democracy), 공동체학교(community)이다. 근대 국가와 함께한 공교육은 이런 기능을 관리와 통제의 수단으로 써왔다. 그리고 근대화를 달성한 나라들에 신자유주의가 들어서면서 교육은 서비스를 통해 상품화되었고, 개인의 경쟁을 기초로 한 시장에 공교육의 역할을 넘겨주고 있다. 그간의 한국교육은 급속한 경제성장을 겪으면서 사적 자유를 기초로 한 시장경쟁의 신자유주의와 공교육을 통제하는 정치이데올로기로 능력주의, 경쟁주의, 줄세우기 평가, 교육기회의 불평등, 계층에 따른 학력 격차의 문제를 낳고 있다.

학생들은 학교에서 다른 사람들과 함께 생활하며 세상에서 살아갈 길을 스스로 찾고 그 의미와 연관성을 이해하게 된다. 그리고 많은 연습과 경험, 노력, 실수, 배움을 통해 지식과 깨달음, 능력을 얻는다. 이런 과정을 통해 스스로 살아가는 방법을 터득하는 것은 물론, 나와 다름과 소통할 줄 알고 함께 살아가는 방식을 배우는 것이다. 학교는 참여하고 협력하며 서로 배우면서 성장하는 장소이다. 이것이 바로 아동과 사회의 미래를 열어주는 교육의 역할이다. 이러한 교육의 기능을 회복하기 위해서 지금까지 국가가 관리해온 교육의 공공성을 지역을 기반으로 한 공동체로 이양해야 하며, 학생들을 중심으로 지역사회의 네트워크를 기반으로 재구축되지 않으면 안 된다. 이렇게 재구축된 네트워크야말로 지역, 계급, 계층의 차이를 줄이고 교육의 불평등을 없애는 방식인 것이다.

꿈이룸학교의 실천

2014년부터 의정부에서는 의미 있는 교육실험이 시작되었다. 혁신학교를 통해 학생들이 얻게 된 배움의 자발성, 그 소중함을 이어주고 싶었지만 일반 학교로 진학하면서 자발성이 다시 사라졌다. 이를 안타깝게 느낀 선생님들과 지역주민들이 모여 학교의 한계를 넘어선 교육 형태의 필요성을 함께 나누었다. 또한, 혁신학교가 아닌 일반 학교 학생들에게도 자존감을 살리고 자기 삶의 주체가 될 수 있는 교육이 필요하다고 생각했다. 그래서 한 학교가 아니라 여러 학교의 아이들을 품을 수 있는 교육 형태가 필요하다고 제안했고, 이 고민은 마을학교, 지역학교 형태로 구상하며 구체화를 꿈꾸게 되었다. 그간 혁신교육을 통해 시도된 다양한 배움들이 학교를 넘어서 마을의 꿈이룸학교 같은 센터형 공간으로 확장되면서 삶과 맞닿는 직접적인 경험을 하고, 지역에서 미래의 삶을 준비하는 배움의 도전을 하였다.

꿈이룸학교는 청소년들의 자치 공간으로 선택하고 소비하는 백화점 문화센터형 배움이 아니라 청소년들이 스스로 배움을 기획하게 해 주도록 하는 게 지속성이나 효과성에서 큰 도움이 되고 있음을 말해준다. 이러한 배움터를 마련하기 위해 지역을 기반으로 하는 교육공동체(공교육 교사, 대안학교 교사, 학부모, 교육단체, 지역주민)가 힘을 모으고 지자체에서 지역교육의 문제를 주체적으로 바라보고 안정적인 재원을 마련하며, 교육지원청이 민간과 학교를 연결 짓는 노력을 하고 학교를 넘어선 학생들을 포괄할 때 그 교육적 효과를 극대화 될 것이다.

의정부에서는 민관의 협력을 극대화하기 위해 민간의 인프라를 그대로 받아 안고 교육지원청 내 혁신교육지구. 마을교육공동체 운영팀에서 업무로 받아들여 교육지원청 사업으로 진행하였다. 처음에 민간에서는 관이 결합하는 것에 큰 의구심을 품었지만, 청소년 중심의 교육철학에 공감하며 마을학교 운영에 시너지 효과를 거두며 민관의 결합 모델로 자리 잡아 가고 있다. 꿈이룸학교의 취지와 운영되는 내용을 보고 도움을 줄 마을 서포터즈를 모았는데 교사, 학부모, 시민 등 총 88명이 모였고 지금은 1000명의 마을 사람들이 꿈이룸학교 밴드를 통해 청소년들의 활동을 지켜보고 지원하며 지역사회의 네트워크를 만들어 내고 있다.

청년, 지역주민, 학부모, 교사들로 구성된 20여 명의 길잡이 교사가 매주 직접 청소년들과 만나며 프로젝트를 함께 만들어 내고 있다.

민주주의 실현

다양한 사람들이 서로의 차이를 존중하며 공생하는 민주주의 사회를 만드는 것이 미래를 고민하는 교육의 역할이다. 여기서 말하는 민주주의란 단지 다수결의 원리나 의회민주주의나 선거제도 등의 정치적인 절차만을 의미하는 것이 아니라 존 듀이가 정의하는 '삶의 방식(way of living)'으로서의 민주주의이자, '다양한 사람들이 더불어 살아가는 일(associated living)'을 의미한다.(『교육개혁을 디자인한다』
사토 마나부 지음)

함께 살아가야만 한다는 것을 알고 자기를 둘러싼 주변을 인식하고
자신이 공동체 안에 있다는 것을 자각하며 다른 사람을 이해하는 것이
자립인 것이다.

요즘 자주 입에 오르내리고 있는 마을공동체의 목표는 민주주의이고
마을교육공동체의 목표는 청소년이 스스로 주인이 되는 민주주의를 배
워가는 과정이 되어야 한다.

1. 자기 자신의 권리를 자각하고
2. 개인 권리의 실현으로서의 지역을 만들고
3. 집단적인 권리의 실현으로서의 주인이 되는 것.

배움의 주체가 되고, 자기 삶의 주체가 되고. 마을의 주인이 되는 것이
교육의 목표가 되는 것이다.

꿈이룸학교의 실천

꿈이룸학교에서는 초등학교 5학년부터 고등학교까지의 아이들이 모여 서
로의 아이디어를 내어 놓고 서로에게 배우고 있다. 이 아이들이 가장 많이
하는 것은 둘러앉는 일이다. 둘러앉는 일이 많아지면서 아이들은 서로 다름
속에서 소통의 방식을 생각하게 되고 더 나아가서는 체계적으로 소통하기
위한 시스템을 고민하게 되었다.

꿈이룸학교는 처음 시작부터 어른들이 시스템을 만들어 놓고 아이들을 모집하는 기존 관행과 달리 마을학교의 필요성과 내용을 아이들에게 먼저 물어보고 아이들과 함께 고민하기로 했다. 이는 진정한 청소년 중심의 교육을 추구하고자 하는 철학에서 비롯된 움직임이었다. 이 시대에 아이들이 원하는 배움이 무엇이고 그것을 지역에서 실현하기 위해 학생 스스로가 무엇을 할 것인지를 함께 모여 이야기해보는 시간을 가져 보았다. 학교를 넘어서 함께 배우고 꿈을 펼칠 수 있는 공간과 배움을 꿈꾸는 토론회부터 시작해 보기로 하였다. 23명의 청소년들이 모였고, 이 안에는 초, 중, 고, 학교 안팎의 아이들이 함께 모였다. 소식을 듣고 모여든 지역의 고등학교를 졸업한 청년들도 이 토론회에 동참하며 청소년 문제와 연결선상에 있는 청년들의 고민을 풀어 놓기 시작했다. 아이들을 주체로 세우는 일은 쉬운 일은 아니다. 아직은 경험치가 적은 아이들에게 그 이상의 상상력을 내어놓으란 것도 무리였다. 하지만 아이들은 함께 자신들의 이야기를 모여서 할 수 있는 자리가 마련된 것만으로도 행복해했고, 그동안 감추고 잊어왔던 꿈들을 친구들과 선후배들과 함께 펼쳐놓고 상상하기 시작했다.

토론회는 250여 명의 학생이 참가하여 성공적으로 진행되었고 청소년들은 자기들의 이야기를 맘껏 털어놓을 수 있는 자리에 너무 감사해 했다. 토론회에 참가했던 100여 명의 청소년은 이런 배움을 계속하기를 희망했고 마을학교를 준비하던 주체들과 결합하여 2015년 1~2월에 1년 동안 함께할 '즐거운 작당'을 시작했다.

청소년들에게 배움의 자발성을 불러일으킨 이 흐름은 청소년들이 청소년을 불러모으는 계기로 이어지게 되었다. 여기서 우리가 얻을 수 있는 가장 중요한 교훈은 청소년들이 주체로 참여하여 자기들의 이야기를 할 수 있게 해야 청소년들이 모인다는 것이었다. 이 교훈은 마을학교를 청소년이 주체가 되어 만들어질 수 있게 만든 원동력이 되었다.

배움의 주체성 회복

지금의 학교와 사회는 민주주의를 교과서로, 지식으로 아이들에게 가르쳐 주고 있다. 그 중심에 있어야 할 학생들은 빠져 있고, 대부분 교사 또는 학부모에 의해 기획되고 진행되는 일방적인 교육만 존재할 뿐이다. 배움은 스스로 주체가 될 때 몰입할 수 있으며, 경험해 볼 때 가장 큰 배움으로 남는다. 무엇보다 스스로 주인공이 되지 않으면 무엇을 해도 즐겁고 신나지 않는다. 중심에서 밀려나 있는 학생들을 위해서 학생자치 활동에도 혁신적인 변화가 필요하다. 어른들이 다양한 배움의 자리를 마련하고 아이들을 초대하는 것이 아니라 하고 싶고 배우고 싶고 필요로 하는 배움을 직접 찾아 나서도록 도와야 한다.

혁신학교는 교육과정의 권한을 교사에게 많은 부분 내어주면서 학교 민주주의를 만들어 내고 있다. 그러나 교장이 바뀌고, 주도하는 교사가 바뀌면 구축해 놓은 시스템도 조금씩 무너져 내리는 모습을 볼 수 있다. 이제는 그 권한을 아이들에게 주어야 한다. 학생을 배움의 주체로 세우면서 아이들이 학교의 문화와 시스템을 이어 나가야 한다.

모든 아이는 배움의 욕구가 있다. 그런데 경쟁과 선별을 위한 서열화가 아이들에게 배울 의지와 희망을 빼앗아 가버렸다. 스스로의 가능성에 도전할 자유가 보장되어야 하고, 선택의 자유가 아니라 도전하고 실패하고 재도전할 권리가 보장되어야 한다. 그리고 모든 배움터는 이러한 도전을 계속해나갈 수 있도록 시스템을 정착시켜야 한다. 그것이 배움에 있어서 자본의 격차와 교육 불평등을 줄이는 일이 될 것이다.

또한, 아이들은 자기 삶에서 자주적이고 주체적으로 서기 위해서 이러한 과정을 배우고 경험해야 한다. 이것을 배우는 곳이 바로 학교이고 배움을 통해 스스로가 삶의 주인이 되어가는 과정이 교육의 목적인 것이다. 무조건 맡겨두는 것이 아니라 목적과 원칙을 함께 세우며 공부가 아닌 배움으로의 전환, 도구와 다른 사람과의 관계를 통해 스스로 배움을 찾아가는 것이 또한 교육의 탁월성을 만들어 내고 있는 것이다.

꿈이룸학교의 실천

꿈이룸 프로젝트들은 사물과 도구를 매개로, 친구와 자신의 의견과 생각을 공유하며, 표현과 공유를 통해 배움을 자신의 것으로 가져가고 자신을 변화시키고 주변을 바꾸는 것으로 확장시키고 있다.

2015년에는 단순히 활동과 체험 중심의 프로젝트에서 2016년에는 친구들과 문제를 도출하고 해결하는 과정으로, 표현하고 공유하는 과정으로 변화하고 있다. 더욱 놀라운 것은 아이들이 그런 문제들을 주변에서 찾았고, 흥미와 욕구를 중심으로 활동적이고 협동적인 탐구의 과정을 만들어 내고, 그 결과를 다양한 형태로 표현하고 공유하면서 배움을 사회적, 문화적으로 가치 있는 것으로 만들고 있다.

2015년에 청소년들은 마을이라는 주제에서 '공간, 길, 사람'이라는 3가지 키워드를 끄집어냈다. 마을에는 다양한 공간이 존재하고, 그 공간은 길로 이어져 있는데, 이제 그 길을 사람으로 우리가 이어가 보자는 생각으로 프로젝트들을 계획했다. 그리고 이 프로젝트들을 만들어 가기 위한 조직들을 구상하면서 협동조합연수도 함께 받았다.

자기들이 제안한 프로젝트를 함께 모여서 할 수 있는 것도 좋고, 그걸 마음껏 할 수 있게 지원해주는 것도 좋다 보니 정말 진지하게 참여하였다. 예를 들어, 공간팀의 '안락한 공간 만들기' 프로젝트를 진행하는 청소년들은 청소년 공간들을 방문하고 공간 상상력을 도울 강좌를 진행하며 공간을 채워가는 데 필요한 목공수업, 카페 만들기를 위한 바리스타 수업들을 기획했다. 그리고 이런 배움에 도움을 줄 마을의 공간과 사람들을 찾아다니기 시작했다. 다른 청소년 센터들이 어른들의 머릿속에서 나온 목공수업, 바리스타 수업, 공간 강좌들을 열고 청소년은 그 강좌들에 참여하는 방식이라면 '꿈이룸배움터'의 배움은 함께 모여 하고 싶은 프로젝트들을 내고 그 프로젝트를 이루기 위한 배움들로 교육과정을 채워 간다는 것이 가장 크게 다른 점이다. 이러한 프로젝트들은 진행하다 보면 곁가지를 만들어 더 확장되기도 하고, 수정이 되고 보완이 되고 전혀 다른 모습으로 만들어지기도 한다. 이러한 과정 자체가 함께 만들어가는 배움이 되는 것이다.

기자단에서는 청소년 영화관을 만들어서 'ACCEPTED'란 영화를 상영하고 서로 생각을 나누는 활동을 했고, 길팀 내 시장 프로젝트 하는 팀을 의정부 제일시장 지도 제작을 위해 협의하고 시장을 탐방하기도 했다. 길팀의 경우 지역 역사 전문가가 와서 강의를 듣기도 했다. 울할매팀은 신곡노인종합복지관에 가서 관장님과 노인 복지사분을 만나면서 할머니들을 어떻게 만나고 인터뷰를 진행할 것인지 논의하기도 하고, 공간팀에서는 자기들의 공간을 채울 가구를 직접 제작하기도 했다. 구 북부청사 한쪽 구석에는 미니 공방이 만들어져 가구를 제작하고 있다. 구 북부청사 앞 화단이 놀고 있는 것을 보고 텃밭 가꾸기 프로젝트도 시작하여 열심히 땅을 갈기도 했다.

이 밖에도 청소년이 스스로 기획해 본 온 마을이 참여하는 온 마을 축제, 자신의 소질과 특기를 협력을 통해 길러보는 견우 프로젝트 등 다양한 활동을 통해 성장하는 기쁨을 맛볼 수 있었다.

2015년 프로젝트 활동을 통해 청소년들은 무엇을 배웠는가에 대한 답으로 '공동체, 책임감, 도전, 배려, 나눔'이라는 5대 가치를 도출하였다. 그 가치들은 2016년 프로젝트 기획에 큰 지침으로 작용하여 5대 가치를 구현하는 방향으로 프로젝트를 기획하게 만들었다.

2016년 꿈이룸학교 청소년들은 자기들의 권리를 배우고 집단적인 권리의 실현. 지속 가능한 사회를 위한 프로젝트로 나아가고 있다. ∼ 평화 프로젝트. 정치, 보건의료. 복지. 교육. 문화, 스포츠. 자연적. 역사적 환경의 유지·개선. 지역 내 순환을 기초로 한 사회경제…. 다양한 주제들을 마을에서 놀고, 배우고, 마을을 만들어 가는 프로젝트들로 묶어냈다.

2016년 2학기에는 한 단계 수준을 높여 청소년이 스스로 기획하는 방식을 좀 더 전문적이면서 학문적인 분야로 접목을 시키는 시도를 하게 되었다. 회복된 배움의 자발성은 분명 청소년들에게 배움의 욕구를 불러일으킬 것이라고 생각하였고 고등학생들에게 청소년이 스스로 기획하고 운영하는 프로젝트를 대학에서 전공하고 싶은 분야와 접목시켜 보자고 제안하였다. 학생들은 예상보다 훨씬 더 큰 참여의지를 보여주었고 학생들과 프로젝트 과정을 설계하기 시작하였다.

그래서 탄생한 것이 고등학생을 위한 찾아오는 대학연계 융복합 프로젝트인 꿈이룸학교 '더혜윰 프로젝트'이다(혜윰은 '생각'의 순 우리말로 '더혜윰 프로젝트'란 앎과 삶을 연계하며 더 깊이 사고하고 탐구하는 것을 추구하는 프로젝트를 말한다).

2016년 2학기부터는 리모델링한 몽실학교 시설을 활용하여 주중 야간에 '더혜윰 프로젝트'를 혁신교육지구 시즌 2 사업비로 운영 중인데 스스로 만들어가는 배움의 수준을 한 단계 더 높이고 있다.

프로젝트 구상에 있어 가장 중요한 것이 가이드라고 할 수 있는데 꿈이룸학교 소속 고등학생들과 협의 끝에 '앎과 삶이 통합되는 교육', '더 나은 미래를 위하여, 삶의 문제에 대한 해결방안 탐구'를 주제로 선정하였고 학교로 공문을 보내 추가 참여 희망자를 모두 받아서 워크숍부터 실시하였다. 70명이 참가하여 진행된 1박 2일 워크숍에서는 향후 희망하는 전공분야별로 나누어 전공분야와 관련된 삶의 문제에 대해 브레인 스토밍하는 활동을 전개하였다. 그런 다음 팀별로 합의되는 해결하고 싶은 삶의 문제를 선정하여 그 해결을 위한 프로젝트 10개 주제를 뽑았다. 이에 따라 9개 분야 10개 팀(총 65명)이 희망하는 요일의 주중 야간(19~21시)에 운영되고 있으며, 주당 2시간씩 중간, 최종 발표회, 집중 워크숍을 포함하여 총 40시간으로 진행되고 있다. 더혜윰 프로젝트 분야별 주제는 다음의 표와 같다.

더혜윰 프로젝트를 지원하기 위해 각 프로젝트별 관련 분야 수도권 대학 석사 이상 전공자, 중등 교사, 지역 전문가 등을 매니저로 모집하여 프로젝트 진행 관리, 프로젝트 활동 촉진, 팀별 및 개별 소논문 작성 지원, 최종 발표회 준비를 지원하고 있다. 고등학생들이 보여주는 몰입도는 학교에서 보여주는 모습과 사뭇 다를 정도로 높고 매주 함께 협의하여 진행하는 과정이 페이스북 '꿈이룸학교 더혜윰 프로젝트' 그룹에 올라오고 있다.

꿈이룸학교 더혜윰 프로젝트

번호	분야	프로젝트 주제
1	공학 A	가습기 살균제 속 유해물질 탐구
2	공학 B	누진세 문제에 대한 해결방안 탐구
3	정치 · 법 · 경제	청소년의 정치적 자유 침해에 대한 연구
4	인문	가족관계 혹은 가족과 사회에서 강요받는 역할에 대한 문제 연구
5	환경	폐기물 에너지를 활용하는 문제에 대한 연구
6	의학	현대인들이 많이 걸리는 정신적 질환에 대한 접근과 치료법 연구
7	언론	편견으로 억압된 청소년의 표현의 자유에 대한 해결방안 탐구
8	문화예술	일상생활에서 일어나는 극단적 유행의 문제에 대한 연구
9	자연과학	빛 공해가 뇌에 미치는 영향과 빛 공해를 줄이기 위한 방안 탐구
10	교육	교육의 효율성에 대한 문제해결방안(경쟁 VS 협력)

이런 모습을 보면서 교육의 미래는 학생들이 스스로 만들어가는 교육에 있음을 더욱 확산하게 된다. 학교가 어떻게 바뀌어가야 하는지를 분명히 보여주고 있음을 느끼게 된다. 학교가 가야 할 방향, 교육이 가야 할 방향을 학교 밖에서 실험적으로 보여주고 있다. 학교 교육 안에서 이러한 자발성을 어떻게 만들어 낼 것인가 함께 머리를 맞대고 고민해 나가야 할 것이다.

다행히 의정부에서는 초중고 선생님들이 모여서 꿈이룸학교의 학생이 주도하는 방식을 교육을 학교에서 적용하기 위해 연구하는 '꿈이룸교육과정 연구회'가 결성되어 실제 적용 방법을 고민하고 시도해 보기 시작했다. 그 결과 실제로 교육과정 재구성에 이 흐름을 반영하여 학생이 스스로 교육과정을 설계하고 수업을 운영하기도 하고, 흥미와 욕구에 맞는 배움을 스스로 디자인해보기 시작했다. 이 과정 안에서 안내자와 조력자로서의 교사들의 역할이 더욱 고민되기도 하였다. 물론 아직 적용 범위가 크지 않지만, 학생이 스스로 만들어가는 교육과정은 점차 확대되어 나갈 것이다.

마을교육공동체

　　　　　　　교육의 공공성과 민주주의가 발현되는 것은 바로 공동체이다. 이를 담아내는 그릇이 결국 마을교육공동체이고, 방향이다. 교실에서 학교에서 교과서에서 지식을 습득하는 것이 배움이 아니라 학교 너머 마을로 나오면서 모든 것이 배울 거리이고 모든 이에게서 배울 수 있음을 알게 되었다. 마을을 배움의 소재로 삼고, 마을의 어른들을 교사로 모시는 것을 뛰어넘어 아이들의 배움은 개인에서 공공으로 확산되고 결국 자신을 둘러싼 주변을 고민하고 바꾸는 시도로 이어졌다.

　이제 아이들은 지식을 삶으로 바꿔내고 있었다. 아이들이 배움의 주체가 되고, 자기 삶의 주체가 되고, 마을의 주인이 되며 더불어 사는 행복한 사회를 만드는 것이 마을교육공동체의 목표이다. 마을교육공동체는 지역을 기반으로 다양한 형태로 발전할 수 있다. 의정부의 마을교육공동체 모습 또한 모델이 아니라 한 사례일 뿐이다.

　민주주의를 실현하는 진정한 마을교육공동체가 되기 위해서는 공동학습, 공동노력, 협동하는 노력, 먼저 듣고 나누려는 노력이 선행되어야 할 것이다. '일상생활에서 민주주의를 어떻게 실현할 것인가? 마을 단위의 민주주의 실현, 마을 단위로 어떤 공동학습이 실현되어야 하는가?'는 지금 우리가 이웃과 함께 머리를 맞대고 풀어나가야 할 과제이다.

김현주 죽을 때까지 가슴 뛰는 일을 하면서 살고 싶고, 아이들과 함께 있을 때 가슴이 뛰는 것에 매일을 감사하며 살고 있는 중학교 교사. 함께 꾸는 꿈은 현실이 된다는 사실을 믿으며 청소년들을 함께 꿈꾸고 성장하는 동지들로 만나는 행복을 누리면서 살고 있다.

<h2 style="text-align:center">〈2015년 마을 프로젝트〉</h2>

팀명	프로젝트명	프로젝트 내용
공간	안락한 공간 만들기	우리가 사용하고 있는 공간을 가구제작과 소품공예 등을 통해 의미 있고 안락한 공간으로 만든다
	청소년 영화관	기자단과 함께 청소년들이 영화를 선정하여 상영, 영화와 삶에 대한 이야기를 나누며 배운다
	우리 공간 운영하기	청소년 동아리 댄스, 밴드팀 등을 위한 연습실, 쉼터, 노래방, 파티룸 등 공간을 대여, 운영한다
	꿈이룸배움터 카페	카페를 기획하고 만들고 운영하며 사회적 경제를 배우고 청소년들의 공간을 만든다
	예술의 전당 음악회	의정부 예술의 전당을 활용, 청소년동아리가 함께 음악회를 기획하고 개최한다
	공간 방음시설 실험	우리 공간의 층간 소음문제를 해결하기 위한 방음시설을 연구하고 설치한다
길	다같이 돌자 동네 한 바퀴	가장 가까이 있지만 잘 알지 못하는 우리 지역인 의정부에 대해 공부하고 탐방한다
	스케치+약+도보여행	공정여행을 바탕으로 길과 배움을 접목하여 청소년의 새로운 배움의 길을 모색한다
	템플스테이	의정부에 있는 절을 탐방하여 마음수련을 쌓고 마음을 치유하는 템플스테이
	행복로 북카페	행복로의 길을 활용하여 전통양식의 북카페 운영하며 의정부를 알리고 배운다
	길거리 버스킹 음악회	길거리에서 청소년 음악회를 개최하며 가고 싶은 길, 행복한 길을 만든다
사람	마을책 만들기	우리 마을의 형성과정, 주민, 공간, 모임 등을 취재하고 의정부가 꼭 기억했으면 하는 사람들을 만나 인생사를 기록하며 주민들과 소통한다
	울할매 이야기	홀로 계시는 할머니, 할아버지 댁이나 노인복지관 등을 방문하여 인생을 배운다
	익명 우체국	내 이야기, 내 고민을 주변 사람들과 나누고 들어주면서 서로에게 치유와 나눔이 된다
	도시락 전달 프로젝트	의정부의 외국인 노동자들 위해 도시락을 직접 만들고 전달하며 그들을 만나며 외로움을 치유한다
	무료 멘토링	의정부의 청소년을 만나 그들의 고민을 듣고 이야기도 나누면서 그들에 대한 기사를 쓴다
	진로카페 프로젝트	진로를 찾지 못한 청소년들을 만나며 상담도 하고 심리검사도 할 수 있는 카페를 운영한다
기자단	소식지 발간	꿈이룸배움터의 활동을 기록으로 남기고 내부와 외부로 나누어 소식지를 발간한다
	팟캐스트	청소년들이 말하고 싶은 것, 의견과 주장을 팟캐스트로 만들어 방송한다
	꿈을 담는 카메라	방송, 영상, 편집기술 등을 배워 꿈터 활동 등을 다큐멘터리로 제작, 상영한다
행복동네	올해의 뉴스	올해 의정부에서 벌어지는 다양한 일과 사건들을 조사하고, 그것을 뉴스로 발간하여 전한다
	맛집을 소개합니다	의정부에 있는 맛집을 탐방하고, 조사하여, 그것을 소개하는 영상을 제작한다
	타마 프로젝트	동아리원들의 재능을 살려 달력을 제작한다

〈2016년 상반기 마을 프로젝트〉

작은 마을	번호	마을프로젝트	내용
마을을 배우다	1	UFO	의정부시의 의료시스템을 홍보를 통해 활성화시키고 더 나은 방향을 찾아감
	2	위아래	드론 제작, 꿈터 항공 촬영, 프로젝트 항공 촬영
	3	셰프	함께 음식을 만들고 주변과 나눔
	4	보.배	학교 공부 멘토링과 더불어 학생들에게 흥미와 공부하는 이유를 일깨워 주기 위한 프로젝트
	5	딜레마지션	꿈터의 애매한 선택상황들을 토론함으로써 의사소통 능력 함양과 다양한 경험 획득
	6	또래올래	상대방을 대하는 방법과 나 자신의 안 좋은 습관을 고쳐 좋은 점으로 바꾸어 내고 내가 먼저 상대방에게 다가가는 것을 활동을 통해 발전 있는 나의 모습을 만들기
마을에서 놀다	7	공연기획	꿈이룸학교의 행사 및 마을의 행사나 공연들을 청소년이 주체적으로 기획하고 진행
	8	놀.뛰.웃	남녀노소 누구나 함께 할 수 있는 체육활동 함으로써 나이와 성별에 대한 담을 허물고 협동심과 공동체 의식 기르기
	9	빨간극장	영화를 통해 소통하고 함께 사는 마을 만들기(영화 만들기, 꿈터 영화제, 청소년 영화관 운영)
	10	공방살리기	미술(예술)에 관심이 있거나 작업할 장소가 필요한 꿈터 학생들에게 지속적으로 이용 가능한 자유 창작 공간 마련
	11	Cambiar	연극을 통해 세상을 바라보는 시각 바꾸기
	12	히스토리 트레블	근현대사 역사를 배우고 관련된 지역에 답사를 다녀온 후 기행문 및 영상 제작을 통해 다른 사람들과 함께 나누기
	13	립덥	뮤직비디오 형식의 홍보영상을 제작. 의정부를 홍보시켜 의정부의 브랜드 가치를 올리기 위한 프로젝트
마을을 만들다	14	평화만들기	개인적인 평화, 공동체의 평화를 공부하고 알리고 전파하는 프로젝트
	15	Politics People(PP)	학생과 청년, 시민들에게 현재 우리나라 정치의 실태를 알림으로써 보다 더 나은 정치 사회로 만드는 데 기여하기
	16	WE ♥ 의정부	우리가 살고 있는 곳의 곳곳을 보다 새롭게 변화를 주어 곳곳에 즐거움이 숨겨져 있는 마을을 만들어가는 것이 목적
	17	당신의 전단지	평소해보지 못했던 미디어 제작에 도전하고 공동체 (의정부 전통시장)와 소통하고 나누기 위한 프로젝트
	18	마스코트 2기	꿈터 안에 식물, 동물을 키우며 꿈터 마스코트를 만들어 감
	19	베프	베트남전 한국군의 민간인 학살에 관련된 진실들을 공부하고 많은 사람들에게 알리는 것.
	20	누리나눔	꿈이룸학교 내의 각 팀들의 활동을 취재&기록하여 꿈터 내의 소식 공유
	21	인문학, 빛나는 마음	세상 만나기, 건강한 마음으로 나와 세상을 바라본다.
	22	작업장학교	실제적인 창업을 통해 지역 안에서 지속 가능한 경제활동을 꿈꾼다
	23	공동체여행	공동체에 대한 공부를 하고 탐방을 계획, 실행

3부

주제톡톡

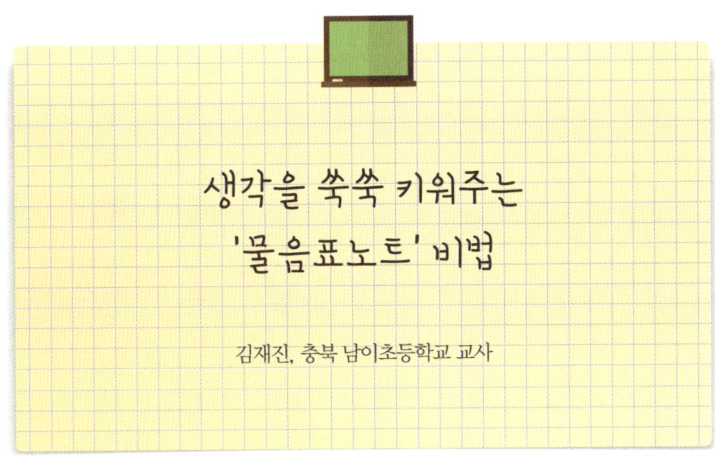

2년간 아이들과 함께한 '물음표노트'에 대해 나누고자 〈생각을 쑥쑥 키워주는 '물음표노트' 비법〉이라고 프로그램 이름을 정했지만, 결정을 하고 나니 걱정이 됐다. '제목만 봐도 딱딱하고 재미없을 것 같은 이런 프로그램을 누가 들으러 오려나? 뭐, 적게 오더라도 신경 쓰지 말고 잘 해보자.' 이렇게 다소 마음을 비웠다. 하지만 너무 적게 오면 안 될 것 같아 어떤 프로그램인지 설명하는 짧은 문구의 떡밥을 던져 놓았다.

"생각을 '못하는 존재'가 돼버린 아이들에게, 교사가 '생각의 빛'을 선물할 수 있는 비법을 물음표노트(1~4단계) 활동으로 맛볼 수 있어요."

떡밥을 던져놓긴 했지만, 기대는 거의 하지 않았다. 10명 미만이 신청할 거라고 예상했으니까.

그런데 행사 당일, 그 떡밥을 몇몇 분이 덥석 물기 시작하더니 프로그램 신청이 일찍 마감되었다. "선생님 거 인기 좋아요. 벌써 15명 다 찼어요."

'저 떡밥이 먹히다니, 저런 떡밥을 던지는 게 아니었는데…. 부푼 기대 감으로 이걸 신청하셨을 텐데 그 기대를 어떻게 충족시키지?' 가벼운 마음이 무거워지면서 발등에 불이 떨어진 느낌이었다.

짧은 시간에 '물음표노트 비법'을 전수(?)한다는 건 불가능했다. 살짝 맛보는 정도까지만 가능했기에 떡밥을 던진 미안함이 있었지만, 어쩌랴 이미 벌어진 일인걸. '그래, 그냥 편하게 하자.'

첫 시간, 나보다 훨씬 다재다능하신 분들, 배움을 위해 열정을 갖고 계신 분들을 만났는데 어찌나 떨리던지.

"정말 떨리네요. 제가 원래 잘 안 떠는데 여러분 앞에 있으니 가슴이 쿵쾅쿵쾅합니다. 저는 이 강의가 미달될 거라고 믿었거든요. 일찍 마감 됐다는 소식 듣고 부담이 확 됐습니다."

"생각의 빛을 선물할 거라는 물음표노트 1~4단계는 하나의 기술일 뿐입니다. 짧은 시간에 그걸 다 해보는 건 힘들어요. 그래서 왜 물음표 노트라는 걸 쓰게 됐는지에 대한 이야기를 먼저 할게요. 그 이야기를 하면 제 소개와 함께 여러분과 나누고 싶은 본질이 전해질 것 같아요. 물음표노트를 어떻게 쓰는지 실습은 이후에 해 볼게요."

그렇게 내 소개와 함께 왜 물음표노트를 쓰게 됐는지 이야기를 시작했다.

행정직 공무원을 하다가 '내가 정말 하고 싶은 일은 뭐지?'라는 물음을 만났어요. 하루도 빠짐없이 그 물음 속에 살다가 21일째 되던 날 전화 통화 중에

'교대'라는 단어를 들었어요. 그런데 '내가 하고 싶은 일'이랑 '교대'가 딱 만난 거예요. '아, 맞다. 나 어릴 때부터 초등학교 선생님 되고 싶었는데.' 가슴이 뛰어서 당장 일어나 어떻게 초등교사가 될 수 있는지 알아보니 수능시험을 다시 보는 방법밖에 없더라고요. 고등학교 졸업하고 10년 되던 해에 생각지도 않은 수능 공부를 시작한 거죠.

행정직 공무원을 관두고, 대학입시에서 한 번 좌절을 겪고서야 06학번이 됐고, 교사가 됐어요. 그런데 막상 학교라는 시스템에 들어오니까 너무 다른 거예요. 애들이랑 해보고 싶은 걸 하기가 힘들더라고요. '학교시스템 자체가 문제구나'라는 걸 가장 먼저 느꼈는데, 더 큰 충격인 것은 아이들이었어요.

6학년 아이들을 처음 만났는데, 애들이 저랑 완전히 다른 종자(種子)인 거예요. 생각하지 '않는', 생각 자체가 없는 존재였거든요. '사람은 원래 이런 존재가 아닌데, 왜 아이들은 이렇게 돼 버린 걸까?' 저에게 온몸을 꿰뚫는 물음표가 다시 꽂힌 거죠. 그 물음을 늘 품고 살다가, 2년차 되던 해 수업 시간에 '마침표'를 발견하게 됐어요. '우리나라 경제가 발전했다.'라고 써 있는데, 문장 맨 마지막에 있는 작은 마침표(.)가 엄청나게 크게 보이는 거예요.

'아, 아이들이 이렇게 된 게 모두 마침표 때문이구나. 호기심이 사라진 것도 부정적인 생각에 절어 사는 것도 마침표를 찍었기 때문이구나. 본래 사람은 머리에는 물음표, 가슴에는 느낌표가 살아 숨 쉬어야 하는데, 머리에도 가슴에도 마침표만 찍고 사는구나.'

그런데 마침표만 찍고 사는 아이들의 모습이 바로 제 모습인 거예요. '나도 마침표만 찍고 사는구나. 어릴 적 나는 늘 호기심이 많았는데 어쩌다 마침표만 찍게 됐을까?' 제 모습을 돌아보니 입학한 후부터 물음표가 사라지기 시작했더라고요. '아이들이 학교에 들어갈 땐 물음표를 달고 들어가지만, 나올 때는 마침표를 찍고 나온다.'라는 닐 포스트먼의 말이 제 삶을 그대로 말해준 거죠.

'도대체 물음표는 어디로 사라진 거지?' 마침표가 보이니까 사라졌던 물음표를 찾게 되더라고요. 물음표가 있어야 할 자리에 자동으로(무의식적으로) 마침표를 찍고 있다는 걸 알게 되면서 다짐을 했어요. '나도 모르게 마침표를 찍고 있는데, 그 자리에 마침표 대신 물음표를 꽂자!' 그렇게 잊고만 살던 물음표와의 만남이 시작됐어요. 예를 들어 엘리베이터 5층을 누를 때는 '왜 5층 버튼만 누르면 정확히 5층에 서지? 이 문은 어떻게 자동으로 열리지?', 전등 스위치를 누를 때는 '이것만 눌렀는데 어떻게 불이 켜지지? 저건 삼파장등인데 형광등, 백열등과는 어떻게 다르지?' 등….

그렇게 눈에 보이는 것부터 '마침표가 아닌 물음표'를 꽂다 보니 잠자던 물음표가 깨어나기 시작했어요. 그러다 '머리로만 물음표를 꽂지 말고 노트에 써봐야겠다'는 생각이 들어서 물음표노트를 쓰기 시작했죠. 하나에 집중해 물음표를 꽂다 보니 생각이 깊어지는 경험을 하게 되더라고요.

아이들과 이 경험을 너무 나누고 싶었어요. '아이들에게도 이게 될까?' 궁금하기도 했고요. 아이들과 함께하려니 체계적인 정리가 필요했는데 하다 보니 더 명확해졌어요.

"생각은 물음표를 먹고 자란다. 하지만 마침표만 먹이기 때문에 생각이 자라지 못하고 있다. 생각이 물음표를 먹고 자라려면 아무 물음표나 먹이면 안 된다. 아이가 태어나면 모유를 먹고, 이유식을 먹고, 고형식을 먹는 단계가 있듯이 생각이 자라려면 단계에 맞는 물음표를 먹여야 한다."

그렇게 물음표노트를 1~4단계로 정리했어요.

노트를 사서 아이들에게 한 권씩 나눠줬어요. 갑자기 물음표노트를 쓰면 안 되니까 0단계라고 할 수 있는 걸 먼저 했어요. 저는 칠판편지로 아이들에게 하고 싶은 말을 매일 쓰거든요. 이때는 1주일 정도 칠판편지에 마침표에 대한 내용만 썼어요. 그리고서 본격적으로 시작했는데, 하는 방법을 구체적으로 알려주고 예시를 보여준 후 직접 연습해보면서 했어요.

여하튼 처음엔 '왜 우리 반만 이걸 해야 하나요?' 하는 아이들도 있었지만 '생각을 하는' 경험을 스스로 하게 되자, 아이들이 조금씩 변해갔어요. '12년 동안 생각을 하지 않고 살았다는 걸 알게 됐다. 이제야 나는 생각을 하게 되었다', '생각을 하는 게 이런 거구나 알게 되었다', '물음표노트를 쓰는 건 힘들지만 뿌듯하고 자꾸 생각을 하게 돼서 좋다' 등 소감을 썼거든요.

전반적인 이야기를 하고 나서 선생님들과 간단하게 실습을 했다. 물음표노트 쓰기로 바로 들어가지 않고 '두뇌풀기 게임'을 먼저 했다. 두뇌풀기 게임은 하나의 주제에 대해 생각나는 단어를 1분 동안 최대한 많이 쓰는 게임이다. 예를 들어 '학교'라는 주제를 주고 다음과 같이 진행한다.

"자, 이제 '학교' 하면 생각나는 것을 1분 동안 최대한 많이 쓰겠습니다. 쓸 준비 됐죠? 5초 후에 시작합니다. 5, 4, 3, 2, 1, 땡!" 시간이 되면 "시간 다 됐습니다. 몇 개 썼는지 세어보세요."

두뇌풀기 게임을 두 번 정도 한 후에 물음표노트 단계별 설명을 개괄적으로 하고 직접 해보았다. 쉼을 드리지 못하고 '머리 터지는 경험'을 시킨 것 같아 미안한 마음도 있었지만, 작으나마 도움이 된 시간이 아니었을까? 위안을 해 본다.

지면 관계상 물음표노트 단계별 설명을 구체적으로 하기 힘들기에 그날 나눠준 한 장짜리 유인물로 대신하며 마무리하고자 한다.

생각은 '물음표'를 먹고 자란다
('마침표'만 먹으면 절대 자랄 수 없다)

마비된 아이들의 생각을 깨우려면, '물음표'를 주어야 한다.

단, 단계에 맞는 물음표를 주어야 한다.

〈물음표노트 1~4단계 핵심 방법과 기대 효과〉

단계	핵심 방법과 효과
1	**'이것저것'에 물음표를 하나씩 꽂아보기** 효과 : 생각을 '안 하는' 단계에서 생각을 '하는' 단계로 올라섭니다. 마침표에 싹이 터서 물음표가 되는 느낌이라고 해도 될 것 같습니다.
2	**'하나의 대상에 집중'해서 꼬리에 꼬리를 물고 물음표 꽂기** 효과 : 서로 떨어져 있던 지식이 연결되기 시작하면서 물음표 꽂는 재미를 조금씩 맛보기 시작합니다. 생각을 얕게 하는 수준에서 깊게 하는 수준으로 올라갑니다.
3	**숨어있는 이야기(역사) 찾기**(무엇으로 되어 있지? 어디서 왔지? 관련된 사람은?…) *** 맨 마지막에 3단계의 핵심 질문인 '내가 한 일은 무엇이지?'를 꼭 쓰고 생각 적기** 효과 : 내가 사용하는 물건이 그냥 생긴 것이 아니라 수많은 사람의 손길을 거쳐서 생겨난 것임을 알게 됩니다. 이 물건에 태초부터의 역사가 녹아있음을 알게 됩니다. 무엇보다도 '내가 한 일은 무엇이지?'를 통해 내가 한 일은 아무것도 없다는 것을 알게 되면서 이미 다 만들어진 감사한 세상에 살고 있음을 알아차리게 됩니다. 그래서 '감사하며 살아야지'라고 다짐을 할 필요가 없이 자연스러운 감사를 하게 됩니다.
4	**만드는 사람이 되어 '물음표' 꽂기(1인칭 주인공 시점)** (이것을 만들려면 어떻게 해야 할까? 어떻게 해야 더 업그레이드시킬 수 있을까?…) *** 맨 마지막에는 3단계처럼 '내가 한 일은 무엇이지?'를 꼭 쓰고 생각 적기** 효과 : 3단계의 효과가 사라지지 않고 더욱 깊어집니다. 직접 만드는 사람의 입장에서 물음표를 꽂기 때문에 근본적인 원리에 대한 탐구가 이루어집니다. 자신이 알고 있는 여러 가지 지식이 하나로 합쳐집니다. 생각이 더욱 깊어지고 정교해지며 새로운 원리를 발견할 수도 있습니다.

※ 물음표노트를 쓰는 구체적인 방법과 아이들이 쓴 다양한 물음표노트 예시 등 전체 자료를 원하는 경우, 메일(wowssam@daum.net)로 요청하시면 보내드립니다.

김재진 '나답게, 사람답게' 살고자 꿈틀거리고 있으며, 쓴 책으로 『슬픈 대한민국 이야기 : 그러나 반드시 알아야 할 』, 『물음표혁명』이 있다. 학교 시스템을 싫어하는 초등교사이다.

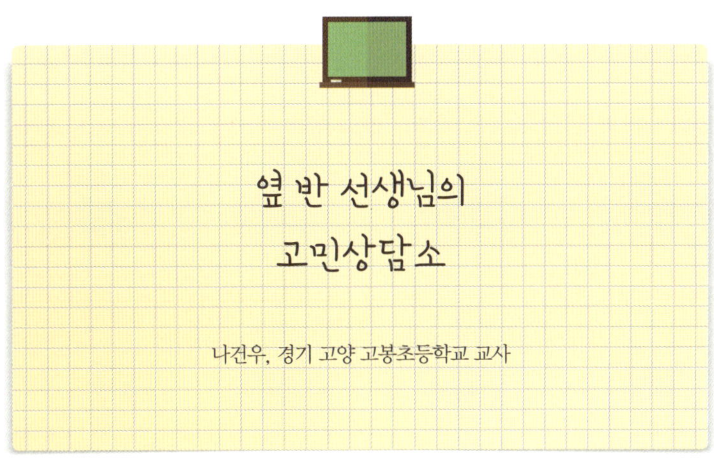

나건우, 경기 고양 고봉초등학교 교사

실천교육교사모임 '교사가 만들어가는 교육 이야기 3' 2부에 참가하게 되었다. 사실 강사라고 하기엔 부족하고, 적극 참가자로서 작은 모임이 만들어졌다.

1회 세종과 2회 전북에서 열린 모임에는 참가를 못 했는데, 사실 행사가 있다는 것도 몰랐다. 그러던 중 여러 선생님을 알게 되고 만나면서 3회 창원에서 열리는 행사에는 꼭 가봐야 하겠다는 생각으로 참가신청을 한 후 2부도 신청했다. 교육청 등의 연수나 원격연수에서나 볼 수 있는 선생님들이 자신의 특색 있는 내용으로 신청을 받고 있었다. 쉽게 접할 수 없는 내용과 두드러진 교육활동을 하고 있는 선생님들을 만난다는 것 자체가 설렜다.

며칠 후 2부에 강사로 신청해보는 것이 어떠냐는 이야기를 듣게 되었다. 아이가 없기도 했고, 평범한 교사인 내가 많은 선생님과 어떤 이야기를 나누고 시간을 이끌어 나갈 수 있을까를 생각해보니 떠오르는 것도 없고, 자신 있는 것도 없었다. 그렇지만 평범한 교사도 신청할 수 있는 것이 아닐까? 직접 나눌 특기는 없지만, 함께할 수 있는 무언가 있지 않을까? 고민하게 되었다. 그렇게 만들어진 것이 '옆 반 선생님의 고민 상담소'이다.

처음 만나는 누군가와 자신의 고민을 나누기 어려우니 나와 비슷한 옆 반 선생님의 고민을 함께 이야기하며, 서로의 이야기를 나누는 것이 목적이었다. 누군가 내 옆 반 선생님과 비슷한 고민을 하거나 들어본 적이 있지 않을까? 그것을 주제로 이야기하는 시간을 가져보자는 생각이었다.

어떤 결론을 얻기 위함은 아니었지만, 짧지 않은 시간 동안 진실한 이야기를 나누면서 자신의 경험과 생각을 나누어 주신 분들에게 감사드린다. 특히 대화의 주제를 학교, 교실, 교사, 교육에 국한하지 않고 교사라면 누구나 가질 수 있는 생각을 다양하게 나누었다.

자유롭게 나눈 여러 이야기 중에 몇 가지에 대하여 짧게 생각을 주고받은 내용을 기억을 더듬고 상황에 맞추어 약간의 살을 붙이고 떼어내며 후기를 작성한다.(아래의 성함은 모두 가명이다)

사례 1_ 자녀에 대한 고민

옆 반 선생님은 학교에서 과학, 발명, 음악, 체육 여러 가지 특색 있는 교육활동을 업무로 취미로 하며 지내왔고 여러 해 동안의 노하우로 교외 대회도 나가고 다양한 수상을 하였습니다. 그런데 자기 아이가 고학년이 되어서 여러 가지 활동을 함께하고 싶지만, 전혀 관심을 갖지 않아서 서운하기도 하고, 아쉽기도 하다고 합니다. _ 김만수(경기 초등교사)

안현수 참 답답하시겠네요. 교사도 한 가정의 부모로서 자신의 교육적 노하우를 자식에게 알려주며 공부한다면 참 행복할 것 같아요. 다양한 가능성을 개발할 수 있도록, 이것저것 경험할 수 있도록 해주고 싶은 것이 부모의 마음이잖아요. 부모에게 노하우가 많다는 점도 아이에게도 좋은 환경이 주어진 것 같고요.

김만수 학교에서 학생들과의 활동을 즐기고, 많은 시간을 투자하시면서 나중에 그분의 아이가 어느 정도 크면 함께 하는 것을 꿈꾸셨나 봐요. 그래서 더 많은 자료도 모으고, 관련된 곳을 찾아다니고, 주말에도 출근하여 대회 준비도 하면서 많은 노력을 하신 것 같아요. 많은 것을 본인의 아이에게 전하는 것이 최고의 목표인지는 알 수 없지만, 그 선생님 스스로 즐기는 것도 있고요.

신중권 자기 자식 마음대로 안 되는 것은 어느 집이나 그렇지 않을까요? 우리도 교사로서 학부모에게 자식이 원하는 것, 좋아하는 것을 할 수 있게 해주라고 말하지 않나요? 교사도 집에서는 부모로서 자식이 하고자 하는 것에 대해 이야기하고 할 수 있도록 도와야지요. 저희 집 아이도 야구를 하고 싶다고 해서 야구단 활동을 하고 있습니다. 이 야구단 활동으로 성공한 야구선수가 될 것으로 생각하지는 않지만, 아이가 하고자 하는 것에 빠져서 할 수 있도록 해주는 것이 좋지 않을까 하는 생각이 들어요.

최현중 아이든 어른이든 자신이 하고 싶은 것을 할 때 최선을 다하니 해

보고 싶은 것을 할 수 있게 돕는 것이 좋을 것 같아요.

김만수 그런데 무엇을 하고 싶다는 자기 생각을 잘 표현하나요? 부모가 공감하며 도와줄 수 있는 것이 언제일까요? 요즘 학생들이 자신이 하고 싶은 것이 무엇인지 자신 있게 말하지 못한다고 하지 않나요?

신중권 그렇지는 않은 것 같아요. 우선 해야 할 일이 많아 하기 싫은 것이 많은 것은 아닌가 하는 생각이 들고요. 아이들 각자도 시간을 가지고 생각을 할 수 있다면 그때 이야기할 수 있지 않을까요? 여유를 주고 기다리는 것이 필요할 것 같아요. 믿고 기다리는 것이 필요한 거죠.

사례 2_ 학교문화에 대한 회의감

제 옆 반 선생님은 학교문화에 대하여 회의를 가지고 있습니다. 특히 음주문화, 회식문화, 교직원 연수, 여행에 대해서요. 같은 학교에 근무하면서 서로 이야기를 나누고, 좀 더 나은 학교생활과 교육활동을 위하여 서로 마주하며 토의, 토론하는 것이 필요한 것 같은데 열심히 술 마시고, 술을 잘 마시지 못 하는 사람은 뒤치다꺼리하고, 노래방에 가서는 서로가 좋아하는 노래, 잘 부르는 노래를 알 수도 없으며 서로 한 곡 하겠다고 바쁘고, 흥을 돋우는 노래만 하느라 정신없는 분위기가 이해가 되지 않는다고 합니다. 적어도 한 학기를 마치고 가는 여행이라면 이번 학기에는 어땠는지, 어떤 점이 어려웠는지, 서로 도울 일은 무엇인지 이야기를 나누고 싶은데, 늘 똑같은 분위기의 여행이고, 이런 것들에 대해 아무렇지 않은 것처럼 생각하는 문화가 더 이해되지 않는다고 합니다.

최현중(부산 중등교사)

김만수 교직원 연수라고도 하고, 직원 여행이라고도 하는 것 말씀하시는 거죠? 저도 한 번도 빠지지 않고 참여하지만, 제 경험도 말씀하신 것과 크게 다르지는 않은 것 같습니다. 우선 당일로 다녀올지 1박 2일로 할지 가끔은 2박 3일까지 그것부터 정하는 것이 어렵기도 했고, 그다음은 어디로 갈지 무엇을 할지 등 정해야 하는 것이 참 많잖아요. 사용해야 할 예산을 어떻게 할 건지 등 신경 쓸 것이 많은 것 같아요. 그렇게 어렵게 출발하고 나서는 목적지에 도착할 때까지 옆 사람과 이야기하는 정도 후 몇 군데 들를 뿐이거나 어떤 때는 출발 후 30분 후부터 도착 때까지 그리고 도착하여 식사하면서도 음주를 하던 때도 있고요. 어떤 것이 좋을까요? 학교 밖으로 나와서까지 학교 이야기를 해야 하느냐는 말도 어느 정도 맞는 말 같기도 하고, 서로의 다양한 학교, 교육 이야기를 나누는 것이 맞는 것 같기도 하고요.

신중권 직원 여행, 교직원 연수는 학교마다 차이가 있기도 해요. 학교에서 학기 말 회의를 다 마치고 가볍게 정리하는 느낌인 여행도 있고, 도착하여 연수와 회의를 시작하는 학교도 있지요. 어느 것이 더 나은지는 학교 구성원의 생각이나 분위기에 따라 다르겠지만, 학교마다 또 그해 분위기에 따라 달라지기는 해요. 하지만 먹고 마시기만 하는 것은 좋아 보이지 않기는 해요. 모든 사람이 먹고 마시기를 좋아하는 것도 아니고요.

김만수 최현중 선생님께서 말씀하신 대로 많은 선생님이 그러려니 생각하는 점도 문제가 있는 것 같아요. 당일이든 1박이든 참여를 권유해놓고 정작 가면서든 가서든 관리자와 대부분의 시간을 보내거나, 이미 학교에서 가까운 사이의 선생님들과만 함께하는 것은 바뀌어야 하지요.

신중권 학교에 대한 이야기는 학교에서 먼저 이야기하면 좋지만 대화할 시간이 부족하니까 그런 자리를 만들어보는 것인데, 그런 의미대로 이루어지지 않는다면 바꾸어 나갈 수밖에 없을 것 같네요.

사례 3_ 특별한 아이

제 옆 반에는 조금 특별한 아이가 있나 봅니다. 반 친구들과 어울리지 못하고 다른 친구들도 그 아이와 함께 어떤 것도 하지 않으려 해요. 띄엄띄엄 가출로 결석하고, 잘 씻지 않아 냄새도 나고, 친구 관계를 맺기 위한 노력도 없지요. 집에 전화를 해서 상담을 하려 해도 할머니하고만 살아서 대화가 잘되지 않고, 전혀 돌봄을 받지 못하는 것이 문제인 것 같아요. 그런데 그 아이를 대하는 다른 친구들의 행동에 뭐라 말을 못하겠나 봅니다. _ 신중권(충남 초등교사)

김만수 왕따라고 하지요. 왕따가 없는 교실을 만들어야 한다는 것을 알기는 하는데 가끔은 상황에 따라 왕따 하는 아이들의 마음이 이해가 될 때가 있어요. 괴롭히거나 소외시키려는 것이 아니라 같이 놀고 싶지 않다는 것이 이해될 때가 있잖아요. 한두 번이야 함께 놀고 함께 하라고 말하기는 하지만 그 녀석이 친구들이 싫어하는 행동을 많이 하거나 선생님이 말씀하신 아이처럼 냄새가 나서 싫다면 "그래도 그러면 안 되는 거야"라고 어떻게 말하나요.

신중권 집에서 조금이라도 보살핌을 받으면 나을 텐데, 할머니와 살면서 전혀 돌봄을 받지 못하는 것 같아요. 집에도 안 들어가고, 며칠 있다가 들어가고, 동네에서도 다 알고 있고, 이런 상황에서는 전화를 하고 상담을 해도 크게 달라지는 것이 없다는 게 안타깝죠.

최현중 제 생각에는 이런 아이들을 좀 더 보살펴야 할 것 같아요. 그런 소외 속에서 자라다가 사회에 적응하지 못하면 또 사회에 문제를 일으키는 청소년, 성인이 되지 않을까요? 요즘에 묻지마 사건을 통해서 보듯이 사회 부적응으로 불특정 다수가 피해자가 될 수 있는 상황이 되는 것은 어려서부터, 청소년 시기부터 관련이 있는 것 같거든요.

김만수 학생들이 부모로부터 또는 보호자로부터 보살핌을 제대로 받지 못하는 경우는 종종 있는 것 같아요. 나중에 어떤 문제를 일으킬 수 있다는 것도 그렇지만 당장 보고 있노라면 이 아이를 그대로 그냥 두어야 하나 내가 어떻게 도움을 줄 방법이 있는 것인가 하는 생각이 들어요. 전에 아버지하고만 사는 아이를 가르친 적이 있는데, 뭔가 이상하다 생각이 들어 이야기를 나누어보니 아버지는 2주에 한 번 들어오시고, 형은 주말에 들어오고, 나머지 동안에는 혼자 지낸다고 말하는 겁니다. 깜짝 놀라서 퇴근 후 그 아이 집에 찾아가 봤죠. 아주 엉망인 상태는 아니었지만, 빨래가 여기저기 널려 있었고, 정리가 안 되어 있어서 함께 청소하고 돌아왔어요. 그다음 날 교감 선생님께 말씀을 드리고, 지역 청소년상담센터에 찾아가 이런 이야기를 나누었는데, 결국 저도 학교도 그 아이를 도와줄 수 있는 것이 없다는 결론이었습니다. 주변 선생님들에게 물어보아도 '그보다 더한 상황도 많이 보았다' 정도의 말씀만 해주실 뿐이었고요.

최현중 어려운 상황에서도 잘 해결해 나가는 아이도 있고, 또 점점 좋지 않은 상황으로 빠지는 아이들도 있지요. 그런데 학교와 교사가 더욱 고려해야 하는 것은 처음에 걱정스럽다는 아이처럼 속해있는 사회에 적응하지 못하는 아이들 같아요. 어린이, 청소년 시기에 학교에서부터 구성원으로서의 자리를 잡게 해야 그 아이에게도 다른 아이들에게도 앞으로 살아갈 미래에 도움이 되겠지요.

사례 4_ 주말부부 교사

저희 옆 반 선생님은 결혼한 지 2개월 되었어요. 지금은 남편이 해외에 나가 있지만, 곧 국내로 들어오는데 남편의 회사가 좀 멀어서 주말부부를 해야 할 상황인가 봅니다. 그런데 신혼부터 주말부부로 사는 것이 괜찮은지, 근무지역을 옮겨서라도 가까이 사는 것이 좋은지 고민인가 봐요. 주말부부를 하면 부모님이 계신 곳 가까이에서 살 수 있지만, 주말부부를 하지 않으면 남편의 근무지 가까이 가서 살아야 하고요. 고민스러운가 봅니다. _ 안현수(경남 초등교사)

김만수 우아 결혼한 지 2개월 참 좋을 때인데, 지금도 같이 못살고 있네요. 그래도 곧 돌아온다니 다행이기도 하고 주말부부를 한다니 안타깝기도 하고 그러네요.

안현수 주말부부로 지내시는 분도 많지 않나요? 상황에 맞추어 사는 것이니 그것도 나쁘지는 않은 것 같아요. 주 중에는 각자의 일을 하고 바쁘게 지내다가 주말에 만나서 더 잘해주며 지내는 것이 좋잖아요.

김만수 그 부부가 같이 사는 방법은 없을까요? 주말부부가 선택이기는 하지만, 같이 살 방법이 있다면 같이 사는 것이 우선 같아요. 당사자가 아니어서 알 수는 없지만, 어쩔 수 없을 때 주말부부를 하는 것이지 신혼부부가 처음부터 주말부부를 한다면 좋지 않을 것 같은데요. 외롭잖아요. 보고 싶기도 할 테고요.

안현수 주말부부를 하지 않으려면 남편이 근무하는 쪽으로 가야 하나 봐요. 또 근무지를 원하는 곳으로 이동하는 것도 힘들고 지금 근무하는 지역이 좋은가 봐요. 부모님도 가까이 살고 계시고요.

김만수 참 쉽지 않은 결정을 해야 하겠네요. 가까이 살려 하면 근무지 이동 문제, 생활환경 문제가 걸리고, 떨어져 살려 하면 신혼인데 주말에만 짧게 보아야 하니 고민되겠어요. 아이가 생기면 낳기 전이든 낳고 나서든 여러 가지 문제도 있을 것이니 아무래도 부모님 가까이 사는 것이 좋을 것 같기도 하고, 여러 가지를 생각하고 결정하는 수밖에 없겠군요. 그래도 제 생각에는 어떤 방법이든 서로가 직장 가까운 곳에 살며 행복하게 지내고 살면서 생기는 문제들도 함께 해결하고, 싸우기도 하고, 화해하기도 하며 지내는 것이 좋은 것이 아닌가 생각합니다. 제 생각입니다.

2016년 6월 18일 햇볕 뜨거운 날, 정해진 주제는 없었지만 시원한 아이스커피를 마시며 자기 '옆 반' 선생님 고민을 함께 듣고 이야기를 나누었다. 근무하는 지역이 달라도, 학교급이 달라도, 교사로서 부모로서 부부로서 각자의 생각을 나누는 시간이었다. 그리고 교사라는 공통점을 가지고 살아가는 사람으로서 서로의 생각을 나눌 수 있는 것이 참 많다는 것을 알게 되었다.

나건우 초등학교 교사로서 근무함을 항상 감사하게 생각하며 한 학교의 교사로서, 교실의 담임으로서 부끄럽지 않도록 생활하는 평범한 교사. 초등학생들은 하루 중 부모의 얼굴을 보는 시간보다 담임선생님을 보는 시간이 많다는 것을 생각하면 교사의 역할이 참 중요하다고 생각하며, 함께 생활하는 아이들이 학교라는 공간에서 행복하길 바란다.

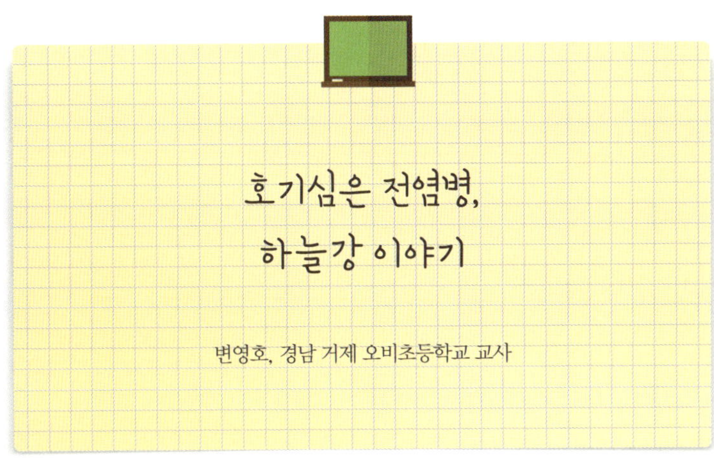

만남은 가슴을 쿵쿵쿵 뛰게 한다. 두근거림 때문에 가끔은 만남이 두렵다. 실천교육교사모임에서 선생님들을 만난다는 것은 약간의 다른 두근거림이다. 다양한 강의에서 선생님들을 만나왔다. 선생님들과 만남이 특별한 것도 아닌데 이번에는 두근거림이 달랐다. 많은 사람을 만나고 많은 말을 해 왔는데 이야깃거리도 쉽게 정하지 못했다. 예전의 글, 원고, 강의용 자료도 도움이 안 된다.

이렇게 저렇게 궁리하다가 신규 선생님들 강의 원고에서 반시를 발견했다. 반 아이들을 위해서 지은 자작시다. 아이들과 처음 만나면 이 시를 읽어 준다. '큰강아지똥의 노래'다.

세상에서 가장 큰 강아지똥이 될 거야

큰강아지똥이 도와 줄게
사랑하면 변하니까
사랑하면 강해지니까.

'큰강아지똥의 노래'를 읽고 나니 생각이 분명해졌다. '사랑하는 것'을 함께 나누기로 했다.

자연 속에서 아이들을 관광객으로 만들어서는 안 된다

"환경운동 하시나요?" 내가 종종 받는 질문 중의 하나다. '아니'라고 답을 한다. 상황에 따라서 꼭 질문에 답을 원하는 분들이 있다. 웃으며 "생태환경교육 운동가입니다"라고 답한다.

'생태환경교육운동가'라는 말이 맞는 말인지 모르겠지만, 내가 원하는 바를 정확하게 표현한 단어다. 선생님들 앞에서 '한국식 환경교육의 모델을 만들고 싶어요. 교육과정과 결합된 학교 내에서의 생태환경교육 프로그램을 개발하고 적용하고 있어요. 체험활동과 교실 수업은 다른 구조가 아닐까요?' 늘 선생님들께 던지는 질문이다.

환경교육은 초등학교에서 중요한 교육 요소이다. 범교과 영역에서 다루고 있지만, 우리의 삶과 가치를 이해하는 과정이기 때문이다. 환경교육은 그 행복의 범위를 나와 내 가족에서 나와 둘레의 생물들까지 확장해 나가는 과정이다. 더불어 살아가기, 생명의 가치와 배려는 우리 교육의 목표와 별반 다르지 않다.

발령받고 현장에서 바라본 환경체험 교육에 난 만족할 수 없었다. 비판적 시각에서 바라본다면 첫째, 학습자와 장소적 특성이 제대로 반영되지 않은 즉흥적인 프로그램이나 이벤트성 프로그램, 떠돌이식의 기행 프로그램의 성격이 강하다. 지속적이고 체계적이지 못하며 단편적이다. 둘째, 이러한 형식의 체험활동은 자연에 대한 감상적인 욕구를 충족시킬 수는 있다. 하지만 학생들이 생활하는 공간인 지역 생태계와 지역적인 환경문제를 피상적으로 또는 감상적으로 이해하게 만든다. 그래서 환경을 감상과 욕구 충족의 대상으로 치부하는 오류를 범할 수 있다. 아이들을 이벤트에 참여하는 관객이나 떠돌이 관광객으로 만들었다.

이 문제를 어떻게 해결할 수 있을까? 찾아가는 환경교육이 아니라 주변에서 시작하여 지역 생태계와 사람과의 관계를 통합적으로 이해할 수 있는 프로그램이 필요하다. 이 생각을 구체화한 것이 '하늘강'이다.

오래된 것은 낡은 것이 아니라 성숙한 것이다

"아직도 아이들과 활동하세요?" 이 질문을 받을 때면 당황스럽다. 교사가 아이들과 활동하는 것이 당연한 일이지만, 그렇게 생각하지 않는 경우도 있다. 교사가 아이들과 함께하는 일은 누군가 시켜서 해야 하는 일, 잠깐 젊은 혈기로 하다가 그만두어야 하는 일, 교사의 필요에 따라 아이들을 지도하고 필요가 없으면 안 해도 되는 일들로 이야기되는 경우가 많다.

이런 이유 때문은 아니겠지만, 다양한 능력이 있는 선생님들이 긴 세월 동안 한 가지 신념을 실천하고 다듬어 가는 것을 보기 힘들다. 교사만의 잘못은 아니다. 해마다 변하는 정책과 변화무쌍한 교육과정 속에서 독한 마음을 품었다 할지라도 현장의 모진 바람을 이겨 내기란 쉽지 않다.

'아직도 아이들과 밖에서 활동하세요?' 맞다. 나는 아직도 그대로다. 제자들이 커서 군대 가고 장가도 가고 아이를 낳은 엄가가 되었지만, '하늘강 이야기'를 쓰고 있다.

하늘강에서 진행하고 있는 모니터링 활동과 생태사육 활동을 동영상으로 보여 드리고 이야기를 나누었다. 오래된 것들을 어떻게 보았을까? '성숙한 것' 아니면 '낡은 것', 어떻게 보였는지 궁금하다.

꽃만 알고 꽃 이름은 모르는 나를 발견하다

1999년 발령받은 첫해 봄, 이 질문을 받았다. "선생님, 이것 이름 뭐예요?" 아이의 손끝에 수없이 보아온 꽃이 있었지만, 답을 하지 못했다. 답을 하지 못하고 몹시 맘이 불편했다. '난 왜 한 번도 저 꽃 이름을 궁금해 하지 않았을까? 왜 저 꽃 이름을 알려고 하지 않았을까?' '개망초', 노삼을 보고 나서야 꽃 이름을 알았다. 우리 들판에 가장 흔하게 보이는 꽃이다.

흔한 꽃 이름도 모르고 교사가 되었을까? 이해가 되지 않았다. 교사가 되기까지 선생님도 교수님도 과학책도 위대한 교육과정도 둘레의 꽃과 나무 생물들에 대해 나에게 가르쳐 주지 않았다. 교사가 되기 위해서는

꽃 이름은 몰라도 꽃의 보편적 개념인 암술과 수술, 갖춘꽃과 안갖춘꽃
에 대한 지식만 있으면 되었다. 꽃 이름 몰라도 꽃을 아는 사람, 물고기
는 알아도 물고기 이름은 모르는 사람, 내 이야기에 귀를 기울이는 선생
님들은 이런 자기 모습을 발견한 분들이다.

호기심의 끝에
아이를 올려놓기

둘레에 대한 관심만으로 의미 있는 체험학습
이 되는 것은 아니었다. 교문 밖을 나서는 순간 아이들은 변했다. 교실
에서처럼 열심히 공부하는 아이들, 공부하는 친구들과 함께하려는 아이
들, 전혀 공부에 관심이 없고 행복한 아이들, 최소한 세 부류 이상으로
자연스럽게 나누어진다. 아이들에게 끊임없이 집중을 요구하거나 무엇
인가 끊임없이 설명하는 나를 발견했다. 이 모습을 반성하면서 '체험학
습은 교실 수업 구조와 다른 게 아닐까?'라는 생각을 했다. 이야기를 나
눈 선생님들도 야외에서 학습 방법은 교실 수업 구조와 다르다는 생각
에 동의를 해주었다. 역시 현장에서 느끼는 것은 같은 모양이다.

의미 있는 체험학습이나 프로젝트 학습을 진행하기 위해서 내가 가진
몇 가지 경험을 나누었다. 첫 번째로 '아이들을 호기심의 꼭대기에 올려
놓기'이다. '이게 뭐야, 정말 재미있겠다'라는 생각으로 아이들 머릿속을
채우는 것을 난 '호기심의 꼭대기'라고 말한다. 학생을 호기심의 꼭대기
로 올려놓기 위해서는 교사가 만드는 프로그램이 매력적이어야 한다.

두 번째, 단순한 체험이 아니라 학습 과정으로서 체험이 되기 위해서

는 프로그램을 작은 조각으로 나누고 연결해야 한다. 이것을 '호기심 레일 만들기'라고 한다. 호기심 레일은 작은 프로그램의 조각들이다.

세 번째, 호기심의 꼭대기에서 작은 레일을 만들어 호기심 아래 있는 목표지점으로 연결한다. 이것을 '프로그램의 조직화 과정'이라고 말한다. 레일 끝에는 교사가 욕심내는 최종의 목표가 있다. 교사는 호기심의 꼭대기에서 만들어 놓은 호기심의 레일로 아이를 살짝 밀어 내린다. 학생들은 목표를 향해 돌진하는 내리막길에서 쾌감을 느낀다. 이 쾌감이 '스스로 하고 있다는 성취감'이다. 어떤 호기심의 꼭대기 위에 서 있고, 그 호기심의 꼭대기는 얼마나 높은지 선생님들에게 물었다.

호기심은 전염병, '사마귀와의 동거 일기'

'하늘강' 이름으로 많은 일을 했다. 생태모니터링 기법을 통해서 거제도 생물을 잡고 기록했다. 이 과정에서 한국잠자리 종수를 늘렸고, 개미허리왕잠자리를 발견하여 추후 '한국개미허리왕잠자리'가 새로운 종으로 등재되는 기틀을 만들었다. 긴꼬리투구새우에 대한 관심을 전국적으로 확산시켰고, 긴꼬리투구새우를 연구하는 많은 학자를 하늘강으로 오게 만들었다. 올챙이와 개구리를 잡았던 경험이 '경남양서류네트워크'의 기둥이 되어 경남의 양서류를 지키고 보호하는 씨앗이 되었다. 독한 호기심이 만들어낸 결과다.

교육과정과 결합된 생태환경교육 사례로 '사마귀와의 동거' 활동을 공유했다. 2014년 10월 1일에 시작해서 8월 31일까지 대한민국에서 사마귀와 701일을 동거한 학생들이 있다. 교실에서 아이들이 사마귀를 키우고 관찰하고 있다. 대한민국에서 가장 큰 사마귀장이 학교에 있고, 하늘강이 가장 큰 사마귀연구소를 운영하고 있다. 사마귀를 사육하면서 우리나라 사마귀 7종에 대한 생태정보를 수집하고 있다.

사마귀와의 동거 프로그램은 하늘강이 만든 또 다른 호기심의 꼭대기다. 알 관찰, 사마귀 사육, 사마귀장 구성과 운영은 모두가 하늘강에서 만든 호기심의 레일이다. 많은 사람이 사마귀와 아이들의 동거에 박수를 보내주었다. 관심 있게 지켜보고 응원해 주시는 분도 많다. 우리나라 사마귀에 대한 생태 정보를 담은 책을 만드는 것이 호기심 레일의 최종 종착역이다.

특별한 두근거림의 정체는
물음표다

'교사가 만들어가는 교육 이야기'가 끝나고 집으로 돌아와서야 내가 느꼈던 특별한 두근거림의 정체를 알았다. '물음표'다. 전국 각지에서 경남으로 달려온 많은 선생님은 저마다의 물음표를 품고 사는 분들이다. 물음표에 답을 주어야 한다는 두려움이 두근거림을 만들었다.

'아이들과 밖에서 어떻게 해야 할지 모르겠어요'라는 선생님의 질문에 나도 완성된 답을 달지 못하고 있다. 완벽한 답을 원한 것도 아닌데 계속 쓰고 지우기만을 반복하고 있다. 스스로 완성하지 못한 답을 선생님들과 나누어야 한다는 생각이 특별한 두근거림을 만들었다.

그래도 참 좋았다. 물음표를 달고 사는 비슷한 선생님들을 한 곳에서 만날 수 있다는 사실, 이 동지들이 한자리에 모이는 자리가 실천교육교사모임이라는 공간이다. 누가 어떻게 답을 달았고 어떻게 답을 만들었는지 엿보면서 자기의 물음표를 이해하는 과정이 이번 만남이다. 만남을 통해서 답안지가 더 넓어졌다. 다행스럽게도 넓어진 답안지에 내가 적은 물음표가 분명하게 보인다. 이제 답을 달 용기도 조금 생겼다. 다른 사람들의 물음표를 엿본 결과다. 참 좋다. 누군가도 그날 모임에 대해서 '참 좋다'라는 마지막 글을 적고 있을 것이다.

변영호 환경과 생명을 지키는 전국교사모임에서 활동하고 있다. 1999년부터 '하늘강'이라는 생태탐구 동아리를 운영하고 있다. 하늘강은 '흔하기에 소중하다'라는 생각으로 생물들을 바라본다. 하늘강 활동은 특별한 관심이 아니라 둘레에 대한 관심이다. 최근에는 사마귀에 대한 탐구 활동을 진행하고 있는데 11월 7일 기준으로 사마귀와의 동거가 768일째다. '호기심은 전염병이다'라는 생각을 나눈다. 시민들과 양서류에 보호에 대한 호기심을 나누기 위해서 경남양서류네트워크를 만들었다. 호기심 많은 세상이 더 행복하고 따뜻하다. 그렇게 믿고 아이들을 만난다.

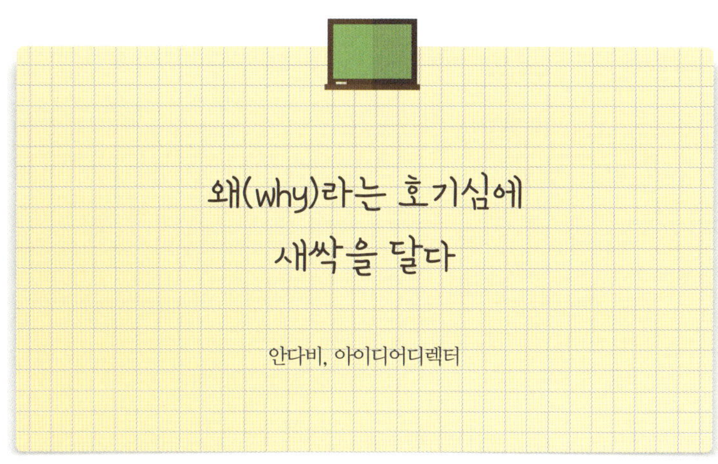

어떻게 이야기를 시작해야 할지 모르겠네요. 먼저 제 소개를 간단히 드리자면, 저는 제목처럼 왜(why)라는 호기심에 새싹을 달아나가고 있는 청년입니다. 제 인생에 많은 호기심이 있었고, 지금은 그 많았던 호기심에 새싹이 달려 '아이디어디렉터'라는 세상에 하나뿐인 직업으로 더 많은 사람의 호기심에 새싹을 달아주는 역할을 하고 있습니다.

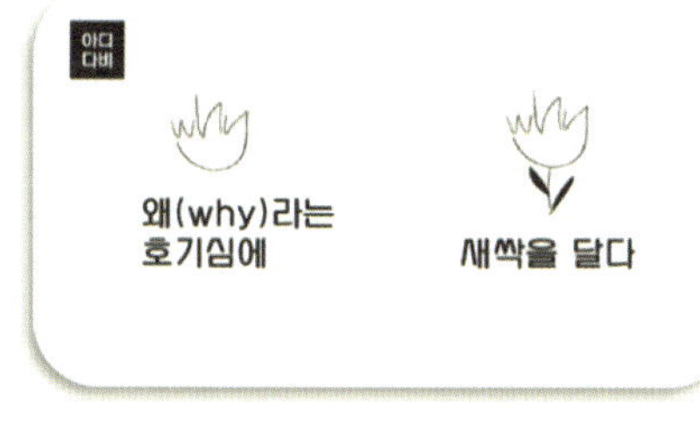

초등학교 6학년 때 키 173cm. 어릴 때부터 유난히 키가 컸던 저는 스스로 꿈을 꾸기도 전에 주변 사람들로부터 패션모델과 농구선수라는 꿈

을 추천받곤 했습니다. 그래서 전 모델이 꿈이었고, 고등학교 때 꿈을 이루는 패션쇼 무대에 오르게 되었죠. 너무나 행복할 것만 같았던 그 순간은 참 이상하게도 그다지 행복하지 않았습니다. 제 꿈이 아닌 타인의 꿈이어서 그렇지 않았을까 생각해요. 그렇게 전 고등학교 3학년이 되었고, 진지하게 진로에 대해 고민해봐야 할 때 꿈이 없었습니다. 하지만 뭐가 되고 싶은지 묻는 사람은 너무나 많았죠.

그때 저희 엄마는 제게 이런 말씀을 해주셨어요.

"다비야, 엄마가 살아보니까 정말 행복한 일을 하는 게 맞는 것 같아."

순간 머리가 복잡해졌습니다. '행복은 알겠는데, 행복한 일? 그게 뭘까?' 곰곰이 생각하다 보니 문득 떠오르는 장면이 있었습니다.

그날은 세 명의 동생과 함께 엄마를 위해 수제비를 만든 날이었어요. 방법은 몰랐지만, 얼핏 보았던 대로 수제비를 만들었죠. 맑은 국물에 쫄깃한 수제비를 생각하며 만들었지만, 현실은 마치 풀죽처럼 건더기라곤 찾아볼 수 없는 걸쭉한 죽이 되었어요. 하지만 동생들과 함께 너무나 열심히 만들었기에 버릴 수는 없었어요. 그릇에다 담아두고 '엄마가 오시면 드려야겠다' 생각했죠. 어떻게 드리면 좋을까 생각하다가 '음식점처럼 메뉴판을 만들면 어떨까?' 하는 생각이 들었어요. 그래서 A4용지를 반으로 접어 메뉴판도 만들었죠. 메뉴가 하나뿐이니까 냉장고의 반찬들도 모조리 적었습니다. 그렇게 막내 남동생은 잠옷 바람에 나비넥타이를 맨 웨이터가 되고, 동생들은 엄마를 위한 춤도 준비했습니다. 곧 엄마가 오셨고, 엄마는 종이 메뉴판을 보시고는 아주 진지하게 그리고 센스 있게 주문해주셨어요.

"수제비랑 멸치볶음 그리고 총각김치도 좀 주세요."

저와 동생들은 설레는 마음으로 쟁반에 음식을 담아 가져다드렸고, 엄마는 저희가 만든 수제비를 아주 맛있게 드셔주셨어요. 물론 동생들은 엄마가 수제비를 다 드실 때까지 신나게 춤을 췄답니다.

너무나 즐거웠고, 행복했던 기억인데, 과연 저는 어떤 일을 하고 싶은 걸까요? 도대체 저는 어떤 일을 해야 하는 걸까요? 손으로 무언가를 만들고 평범한 것이 아닌 특별한 아이디어를 내고 누군가에게 감동을 주는! 손재주와 아이디어로 감동을 주는 일? 손재주와 아이디어로 감동을 주는 사람! 그렇게 시작되었어요. 제 꿈은 직업이 아니라 사람이었죠. 하지만 직업을 정해야 했고, 고민 끝에 저는 제가 했던 것들이 작은 파티였다는 걸 알게 되었고, '파티플래너'라는 꿈이 생겼습니다. 대학을 졸업 후 파티와 관련된 일을 하게 되었지만, 그때의 제 모습은 사람들에게 감동을 주는 것과는 거리가 멀었어요. 사람들에게 감동을 주기보단 무조건 많은 사람을 모으기 위해 힘쓰고 있었죠. 제가 원하던 모습이 아니었어요. 힘든 결정이었지만 '파티는 나중에 내가 사랑하는 사람들을 초대해서 해야지'라며 마음을 다잡고, 다시 생각했습니다.

손재주와 감동을 주는 일이 뭘까? 디자인? 디자이너가 아닐까? 두 번째 제 꿈은 디자이너였습니다. 뚜렷하게 어떤 걸 디자인할진 모르지만 멋진 디자인으로 사람들에게 감동을 주고 싶었죠. 하지만 디자이너가 되는 방법을 알지 못했고, 방법을 알고 있는 사람도 주변에 없었습니다. 저는 결국 모든 걸 알고 있다는 네이버에 물어보았죠. 네이버는 이렇게 말했어요. 대학(디자인학과)을 가야 하고, 포트폴리오가 있어야 하며, 자격증도 필요하다. 정말 그 방법뿐일까? 난 이미 대학을 졸업했는데 또 대학을 가야 한다니, 다른 방법은 없을까?

　그러던 저는 어떻게든 디자인을 배우기 위해 서울로 독립을 하고, 제 키만 한 고시원에 살면서 아르바이트를 두 개나 하기도 하고, 저렴하게 디자인을 배울 수 있는 곳을 찾기도 하고, 직접 디자이너를 만나 인터뷰도 하면서 저만의 방법으로 디자인을 배워 나갔습니다. 하지만 중요한 건 디자인에 대해 알면 알수록 제 마음 속에서 디자이너라는 꿈은 작아져만 갔습니다. 그때 느꼈죠. '난 디자이너가 되고 싶은 게 아니라 단지 궁금했던 거였구나.'

　그 후로도 광고기획자라는 꿈이 생겼습니다. 하지만 이번에도 광고기획자가 되는 방법은 몰랐고, 세상에 알려진 방법은 대학뿐이었습니다. 그리고 여전히 궁금했죠. 과연 그 방법밖에 없을까? 다른 방법이 있지 않을까? 그렇게 저는 끊임없는 호기심으로 저만의 방법을 찾고, 만들어 갔습니다.

　모델, 파티플래너, 디자이너, 광고기획자로 성공한 것도 그렇다고 돈을 많이 번 것도 아니었지만 누구보다 행복했습니다. 제가 살아가는 모습을 보며, 어떤 사람들은 정말 제대로 살고 있다며 칭찬하고 응원했지만, 어떤 사람들은 어떻게 좋아하는 일만 할 수 있냐며, 욕심이 많고 철이 없는 것 같다고 손가락질 하였습니다.

　과연 뭐가 맞는 걸까요? 공부를 하는 이유도 대학을 가는 이유도 내가 원하는 일을 하기 위해서였는데, 내 꿈을 위해 열심히 달려가고 있던 저는 뭐가 잘못된 걸까요? 너무나 이상했습니다. 주변 친구들을 보니 원하는 일을 하고 있는 친구도, 어릴 적 꿈을 이뤄가고 있는 친구도 보이지 않았습니다. 그 친구들에게 이유를 물었고, 저마다의 이야기를 듣게 되었습니다. 돈 그리고 현실.

"돈을 벌어야하니까."

"현실이 따라주지 않으니까."

너무나 속상하고, 안타까웠습니다. 아무리 그래도 한번뿐인 인생과 맞바꾸는 건 아니라고 생각했거든요. 그때 생각했어요. '나 또한 돈이 많지도 현실이 따라준 것도 아닌데 왜 난 여기까지 올 수 있었을까?' 이런 생각을 종이에 가득 써내려갔습니다. 왜 그럴까? 왜 그런 걸까? 끊임없이 '왜'를 적었고, 그러다 'why'도 수없이 많이 적어 내려갔습니다.

조금 격하게 쓴 나머지 why의 y가 휙 꺾였고, 그 모습은 마치 어릴 때 그리던 튤립 같았습니다. why 밑에 작은 새싹을 그려 넣자 정말 꽃이 되었죠. 이 작은 생각은 저에게 큰 깨달음으로 다가왔습니다.

'어쩌면 왜(why)라는 호기심이 돈과 현실을 극복할 수 있게 하는 힘이 되어주는 것은 아닐까? 그래! 호기심에 새싹이 달린다면 엄청난 힘이 되어줄지도 몰라! 사람들에게 호기심을 말하자! 사람들의 호기심을 불러일으켜주자!'

이 생각은 세상에 없는 직업을 만들어 낼 용기도 주었습니다. 바로 아이디어디렉터. 파티플래너, 디자이너, 광고기획자라는 꿈을 꾸며 2% 부족함을 느꼈던 것은 '왜 한 가지만 해야 할까?'라는 의문 때문이었습니다. '나는 파티에 대한 아이디어도, 디자인에 대한 아이디어도, 광고에 대한 아이디어도 내고 싶은데 왜 한 가지를 정해야 하지? 모든 곳에 아이디어를 내는 직업은 없을까? 어쩌면 맞춤옷처럼 내게 맞는 직업은 스스로 만들어야 하는 걸지도 몰라'라는 생각으로 나만의 직업을 만들었죠. 그렇게 아이디어디렉터라는 이름으로 '호기심'에 대해 이야기하고자 작은 전시회를 열었고, why만 색깔별로 그려져 있던 그 전시회에는

38명의 사람이 모였습니다. 제 이야기와 함께 호기심을 이야기했고, 처음이자 마지막일 줄 알았던 전시회는 더 많은 사람에게 호기심을 전달했으면 하시는 많은 분의 바람과 응원으로 두 번째를 거쳐 현재 세 번째 전시회를 준비 중입니다.

끊임없이 외쳤던 why는 빼곡히 적힌 까만 종이 안에서 한 송이 꽃으로 피어났고, 그렇게 꽃을 시작으로 why는 달걀이 되기도 하고, 달이 되기도 하며, 전구, 왕관, 물고기, 우산, 아이스크림 등등 여러 가지 그림으로 그려졌고, 이제 사람들은 제 그림을 와이아트(whyart)라고 부릅니다. 와이아트를 통해 만난 사람들은 남녀노소 정말 다양합니다. 신기하게도 사람들은 와이아트 앞에서 그림을 잘 그리고 못 그리고의 표면적인 것을 평가하지 않고, 그 안에 담긴 호기심에 관심을 가지고 흥미롭게 들여다봅니다. 아이들에게 특별하게 무언가를 가르쳐준 것은 아니지만, 아이들은 제 이야기와 와이아트를 통해 저마다 가지고 있던 '틀'을 깨기도 하고, 주변을 반짝반짝한 '호기심의 눈'으로 바라보곤 합니다. 그리고 자연스럽게 와이아트에 자신의 호기심을 담아내기도 하죠. 재치 있고 기발하게 호기심을 와이아트에 담아내는 아이들을 보면 정말 놀랍습니다.

교실 안에서의 왜(why)라는 호기심은 아이들에게 불편함으로 느껴지기 쉽습니다. '혹시 방해가 되진 않을까? 혹시 예의 없다고 느끼시진 않을까?' 그래서 더욱 더 망설이게 되고, 숨기게 되고, 결국 말하지 않게 되죠. 아이들의 호기심은 단순한 궁금증이 아닌 나를 발견하고 알아가는 중요한 부분입니다. 와이아트 중 '깨진 달걀'이라는 작품은 어린 친척 동생의 메시지를 담아 그린 것입니다. 그 그림에는 '달걀이 깨지면

병아리가 될 수 없듯, 나 또한 내 호기심이 깨지면 내가 될 수 없다'라는 의미가 담겨있습니다.

와이아트에 특정 대상이 정해져 있진 않지만, 특별히 학교 안의 아이들에게 알려주고 싶은 이유가 있다면 엉뚱하고 별 볼 일 없는 자신의 호기심이 아름다운 작품이 될 수 있다는 걸 느끼게 해주고 싶습니다. 왜(why)라는 호기심은 서로에 대한 관심의 표현이 될 수도 있고, 나를 알아가는 열쇠가 되기도 하며, 새로운 발견을 위한 시작이 되기도 합니다. 지금 당신의 호기심은 무엇인가요? 우리 아이들은 어떤 호기심을 가지고 있나요?

:: 다양한 WhyART, Why flower(왜why라는 호기심에 새싹을 달다), Why's cream(왜why라는 호기심이 넘쳐흐르면 인생이 달콤해진다)

안다비 호기심을 디자인하는 아이디어디렉터. 왜 그럴까? 왜 그런 걸까? why? 스스로에게 묻는 'why'는 나를 알아가는 열쇠가 되고, 서로에게 묻는 'why'따스한 관심이 되어 마음으로 전달된다. 우리의 소중한 'why'가 세상에 아름답게 펼쳐질 수 있도록, 'why'를 디자인한다. '어두운 밤을 낮으로 바꿀 순 없을까?'라는 에디슨의 호기심이 '전구'가 되어 세상을 밝게 비추듯, 지금은 엉뚱하고 말도 안 되는 호기심이 가치있는 무언가를 만든다는 생각으로 사람들의 호기심을 그려내는 일을 한다.

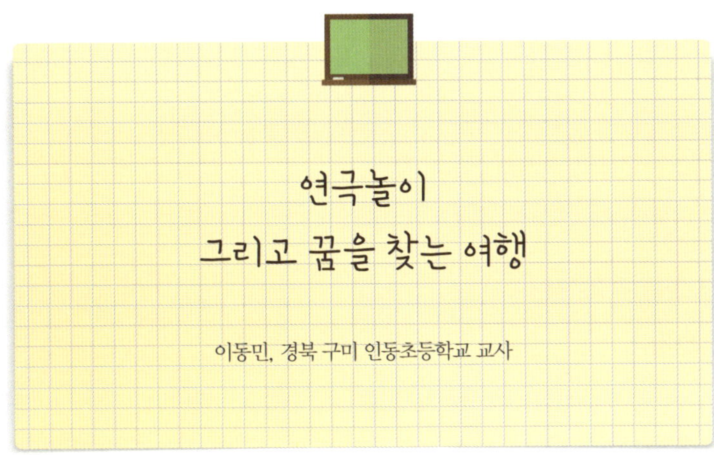

안녕하세요. 저는 2부 선택 강연에서 '몸과 마음을 깨우는 연극놀이' 강연을 맡았던 이동민입니다. 저는 그동안 여러 곳을 다니면서 다양한 선생님과 함께 연극놀이를 즐겼어요. 그렇게 즐긴 매 순간이 저에게 매우 특별했고 연극놀이를 접하게 된 많은 선생님이 진심으로 즐거워했어요. 그래서 연극놀이가 생소한 선생님들께 꼭 그 감정을 꼭 알려드리고 싶어요. 몸을 쓰는 일이 처음에는 낯설지만, 해보면 아주 재미있거든요. 그런데 우리 실천교육교사모임에 이미 교육연극과 연극놀이 고수 샘이 많아서 제가 무슨 얘길 해야 할까 싶어요. 경험도 부족하고요. 교직에 대한 이야기도 다른 분들이 많이 해주실 것 같네요. 저는 연극놀이에 대한 심오한 얘기는 하지 않을게요. 대신 연극놀이를 비롯해 제가 정말 좋아하는 것들을 하게 된 과정을 얘기하고 싶어요. 제 얘기가 여러분 자신의 마음을 한 번 들여다보는 기회가 되면 좋겠어요. 그리고 좋아하는 일에 용기를 가지고 한 걸음 나아가셨으면 하는 작은 소망을 가져봅니다. 먼저 연극놀이 이야기부터 하고 그 뒤에 제 얘길 해볼게요.

몸과 마음을 깨우는
연극놀이

　　　　제 강연은 늘 '몸과 마음을 깨우는'이라는 설명이 붙어요. 마치 명상치료나 힐링캠프 같아서 찾는 분이 없을 것 같은데 연극놀이 연수를 찾는 분이 계시더라고요. 아마도 '(아이들의) 몸과 마음을 깨우는'이라고 해석하시고 강연을 요청하시는 것 같아요. 물론 아이들을 대상으로 하는 연극놀이를 가르쳐 드리지만, 제 강의는 아이들보다도 선생님들의 몸과 마음을 깨우는 데 목적이 있어요. 그리고 다행히도 목적은 잘 달성되는 것 같아요. 강연이 끝난 뒤 선생님들의 표정을 보면 마음속에 피어난 작은 두근거림이 저한테까지 느껴지거든요. 어떤 분이 후기에 해준 말씀인데 "교사가 된 뒤 처음으로 자유로워진 몸과 마음이 굳어버린 과거의 나를 '똑똑' 두드리는 것 같다"고 하시더라고요. 선생님들은 어쩜 이렇게 시적인 표현을 잘 쓰시는지…. 제가 그렇게나 대단한 일을 했다고 생각한 적은 없어요. 저는 그저 좋은 활동을 알려드리는 역할을 할 뿐이죠. 하지만 저의 작은 노크가 선생님 마음속 문을 여는 데 작은 도움이라도 되면 좋겠다고 생각하며 살고 있습니다.

연극놀이를 함께한 많은 선생님이 그 소중한 경험을 아이들과도 공유하고 싶어 하세요. 남들 눈치 보지 않고 마음 가는 대로 솔직하게 움직

이고 상상해본 그 즐거운 경험을요. 한데 놀이에 대한 설명만으로는 감정까지 경험시켜드릴 순 없으니 다른 선생님들의 체험기를 조금 들려드릴게요. 만약 자세한 연극놀이를 알고 싶으시다면 서준호 선생님의 책을 추천해 드려요. 그보다 더 좋은 것은 연극놀이 연수에서 '직접' 체험해보는 것이고요. 그럼, 제 강연의 설명은 선생님들의 후기로 대체하겠습니다.

처음 만나는 선생님들과 즐겁게 웃고 움직이는 사이에 두 시간이 훌쩍 지나있었습니다. 몸을 쓰고 마음을 쓰는 연극놀이 덕분에 한결 친해지게 되었고요. 무엇보다도 물 흐르듯 자연스럽게 진행하시는 강사님의 노련함과 중간중간 던져주시는 재치 있는 멘트 덕분에 정말 즐겁고 유쾌한 시간이었습니다. 놀고 나니 배움을 얻게 된 놀라운 경험! 아이들과도 함께 나누겠습니다^^(강연 후기에 강사님의 칭찬을 거부한다는 말을 거부합니다)

_장윤정, 광주 송정중앙초 교사

나는 춤이라든지 율동과는 매우 거리가 먼 사람이다. 과거의 경험을 짧게 덧붙이자면 유치원에서도 율동과 무용을 전혀 따라 하지 않다가 학부모 상담 후 유치원에서도 잘렸던 사람이다. 그런 나조차도 동작이 있는 움직임으로 땀을 흘렸다는 것은 매우 고무적이다.

배운 놀이는 학년 초에 학생들을 상대로, 또한 동료 간에 진행하면 관계 개선 및 친화 발전에 효과적이라고 생각한다. 2학기 시작하고 새로운 분위기를 조성할 겸 학생들을 상대로 배웠던 연극놀이를 하니 아이들의 표정이 저절로 웃음꽃이 피어나고 평소 친하지 않던 친구들과도 스킨십을 자연스럽게 하게 되는 효과가 발생했다. 내가 그랬듯, 아이들도 그랬다. 자연스러운, 함께 흘리는 '땀'의 효력은 엄청나다는 것을 놀이 활동을 통하여 경험했다.

내 마음이 깨어나는 경험을 하고 나니 앞으로도 이런 연수를 찾아 공부함으로써 학생들의 마음의 문을 열어주는 방법을 몸에 익히고 싶어졌다.

_이성기, 경북 영천초 교사

평소에 소극적인 성격이라서 연극놀이를 한다는 말, 춤도 춘다는 말에 속으로 엄청 두근두근했어요. 그러다가 동민샘의 재치 있는 진행과 단계별로 물 흐르 듯 흐르는 놀이에 나도 모르게 빠져서 신나게 놀았어요. 덕분에 처음이자 마지 막으로(?), 무시무시한 교장 선생님과 어깨동무를 할 수 있는 시간을 보낼 수도 있었고요. 오랜만에 신나게 방방 뛰면서 놀고 스트레스도 풀어서 아쥬아쥬 시 원했어요(하하)(하하). 꺄아~

_ 박미진, 경북 인동초 신규 교사, 의외로 꿀잼이었던 직원 여행에서

연극놀이 진행 꿀 팁

선생님들께서 아이들과 연극놀이를 진행할 때 필요한 도움이 뭐가 있을지 생각해봤어요. 아무래도 제가 직접 경험 한 연극놀이 진행을 바탕으로 실제적이면서도 간단한 팁을 알려드리면 좋겠단 생각이 들었어요. 다음에 나오는 표에 정리해두었는데, 아마도 도움이 되실 거예요.

연극놀이 이야기는 여기까지 할게요. 연극놀이는 말로 설명하는 것보 다는 체험이 중요하니 말이 길 필요는 없을 것 같아요. 혹시 아직 한 번도 연극놀이 체험을 해보지 못하셨다면, 꼭 좋은 연수에 가셔서 직접 체험해 보세요. 저는 전국교사연극모임 겨울 연수를 추천해 드립니다. 저도 거기 서 많이 배우고, 또 깊이 잠든 몸과 마음을 '똑똑' 깨워서 왔거든요.

어쩌다 교대에 갔을까

사실 저에게는 두 가지 꿈이 있습니다. 좋은

시기	간단한 팁
시작하며	• 이것을 왜 하는지, 어떤 마음으로 해야 하는지 선생님께서 생각하시는 의도를 분명히 전달해주세요. 분명히 해두지 않으면 아이들 머릿속엔 '공부 안 하고 놀아서 재미있다'는 생각밖에 남질 않습니다. • 인터넷에 콜버그 6단계처럼 놀이의 6단계를 만들고 또 예쁘게 꾸며 주신 선생님들이 계십니다. 아이들과 자주 상기하며 활용하기 좋아요. • 규칙에 대해서 상세히 설명해주세요. 모르는 아이가 없을 때까지 친절하게 설명해주세요. 소외되는 아이나 규칙을 모른다고 친구들에게 구박받는 아이가 없게 해주세요. • 교과 목표를 배제하고 친구들과 가까워지기 위한 놀이로 활용하셔도 좋습니다. 특히 학급 경영에 많은 도움이 돼요. 하지만 그렇게 할 때도 놀이를 왜 하는지 자세한 설명을 해주세요.
놀이하며	• 처음에는 단순한 놀이부터 시작하세요. 아이들의 마음이 어른들보다 훨씬 더 많이 열려있지만, 아이들도 예열 시간이 필요합니다. • 벌칙이나 아웃되는 일이 없어야 아이들의 마음이 편안해집니다. • 짝 활동, 모둠 활동, 전체 활동 등으로 서서히 범위를 넓혀주세요. 그리고 창의성이나 적극성 측면에서도 천천히 범위를 넓혀주세요. 너무 급작스러운 활동은 몸을 굳게 만들거든요. • 교실의 상황을 잘 파악하시고 가능하면 이성 간에 짝을 하도록 유도해주세요. 동성 간에 몰려다니며 놀이에 방해되는 행동을 하는 것을 사전에 방지할 수 있어요. 게다가 놀이에 대한 집중력도 올라갑니다. • 부끄러워하지 말고 적재적소에 선생님의 시범을 보여주세요. • 가능하면 심판을 하지 마시고 아이들과 같이 놀아주세요. • 무리해서 수업과 연계하려고 하지 마세요.
마치며	• 시간을 남겨 두었다가 소감 말하기를 꼭 해주세요. 놀이하며 느낀 감정이 아이들끼리 충분히 공유돼야 아이들 사이에 더 좋은 의미가 생기고 그 여운이 오래 갑니다. • 연극놀이를 신나게 하고 나면 아이들이 수업에 집중을 못 합니다. 그럴 땐 '앞으로 연극놀이 안 한다'고 협박하지 마시고 '눈을 감고 주변에서 들리는 소리 최대한 많이 발견해보기' 놀이를 통해 자연스럽게 차분한 분위기를 만들어주세요.

교사가 되는 것과 배우로서 연기를 하며 살아가는 것. 둘 다 만만치 않은 일이네요. 게다가 배우라니… 뭔가 허세가 가득한 것 같지만, 그렇진 않답니다. 누군가는 요리 만들기를 좋아하듯 저도 소소하게 연기를 하며 살아가고 싶을 뿐이에요. 이제부터는 제가 두 가지 꿈을 모두 안고

즐겁게 살 수 있게 된 스토리를 말씀드릴게요. 제 이야기를 들으며 선생님의 꿈은 무엇이었는지 한 번 떠올려보세요. 그리고 잠깐 놓쳐버린 뒤로 다시 꺼내보지 않았던 소중한 꿈에 작은 불꽃을 피워보세요.

제 이야기의 시작은 고등학생 시절이에요. 저는 어려서부터 다른 사람들을 즐겁게 해주는 일이 좋았어요. 그래서 고2 때는 장래희망에 개그맨이라고 적었다가 선생님께 혼났어요. 하지만 진심이라고 잘 말씀드려서 생활통지표에 장래희망이 개그맨이라고 적히는 쾌거(?)를 이루었답니다. 그때를 돌이켜보면 가족이나 선생님, 친구들… 제가 하고 싶은 일에 대해 말해도 그걸 진심으로 받아들여 주는 사람은 없었던 것 같아요. 그냥 연예인이 되고 싶은 철부지로 생각한 건지, 아니면 개그맨을 하기에는 능력 부족이라고 진지하게 생각한 건진 모르겠지만요. 암튼 이 길만이 내 길이라고 생각하고 살던 그때 잊고 살았던 교직의 꿈을 다시 떠올리게 만든 일이 일어났습니다.

저는 고2 때까지 즐거운 바보처럼 학교에 참 행복하게 다녔어요. 그런데 어떤 사건이 발생합니다. 수업 종이 친 줄도 모르고 친한 친구와 사소한 일로 투덕거리다가 수학 선생님께 불려 나가 40분 동안 빠따를 맞았습니다. 아, 친구와 저 때문에 반 친구들이 한 대씩 다 맞았으니 5분 정도는 빼고요. 당시 기억에 대걸레 네 자루가 부러지고 그중 세 자루는 두 동강이 아니라 세 동강이 났어요. 세 동강이면 짧은 것이 다시 부러질 정도니 엄청 세게 맞았죠. 허리부터 허벅지 아래쪽까지 살색이 없었어요. 의자에 앉지도 못했고 잘 때도 엎드려 잤어요. 부모님께선 굉장히 슬퍼하셨고 분노하셨지만, 일이 커졌을 때 힘들어질(선생님들의 눈초리 때문에) 저의 학교생활을 걱정하셨어요. 그리고 학교 측의 사과도 있었기에 부모님께선 일을 덮어두기로 하셨어요. 근데 2학기 들어서 그 선생님으로부터 "야, 근데 솔직히 너희가 잘못해서 맞은 거잖아?" 이런 말을 들었어요. 하지만 부모님 상처 되실까 봐 그냥 묻어뒀죠.

그렇게 고3이 되었는데 왠지 모르게 새로운 담임선생님께서 저를 싫어한다는 느낌이 들더라고요. 어느 날 친구들과 야간자율학습을 도망갔다가 혼나는 일이 있었는데 제 차례가 되자 담임선생님께서 중얼거리시길 "네가 이러니까 그때 그렇게 맞았지"라며 때리시더라고요. 저를 경멸하는 그 눈초리를 보고는 제 마음속에 뭔가 훅 들어왔어요. 나중에 알고 보니 담임선생님은 저를 때렸던 선생님과 같은 부서인 '학생부' 소속이시더군요. 학생부 선생님들끼리 뭐라고 제 뒷말을 했을지 치가 떨리고 망치로 머리를 맞은 것처럼 멍했어요. 뭐가 뭔지 모르겠더라고요. 그래도 하나만은 확실해졌어요. 내가 선생님이 돼서 저렇게 학생들에게 상처 주는 선생님들을 혼내줘야지. 정말 울컥 치밀어 올라왔습니다. 이때부터 학생들을 행복하게 그리고 존중해주는 선생님이 되고 싶다는 생각이 서서히 마음에 자리 잡았던 것 같아요.

마치 임용 대비 면접 같은 스토리네요. 이렇게 아름다운 스토리로 선생님이 되었으면 좋았겠죠? 하지만 상처를 받은 마음은 뒤틀려서 학교에 정은 안 가고 성적은 점점 추락했습니다. 노래방 가고 담배 피우고 술 마시고 하는 친구들과 어울려 놀았습니다. 안타깝게도(?) 그중에는 노래방만 같이 갔어요. 암튼 그렇게 막 살다 보니 수능 성적이… 선생님 될 자격이 안 되더라고요. 뭐에 홀린 듯 아무 생각 없이 친구들 다 가는 학과에 성적 맞춰 들어갔어요. 그렇게 잠깐 다니던 대학에서 행사 때마다 장기자랑을 도맡아 하고 풍물패에서 마당극도 하며 즐겁게 살았죠. 이때부터 연기에 재미를 들이기 시작했습니다. 그렇게 나름 즐겁게 지내고 있었는데 여름방학을 맞이하니 정신이 번쩍 들더군요. 연기라는 소중한 꿈을 미뤄두고 교직에 대한 새로운 꿈을 꿨는데 지금의 난 뭘까? 이도 저도 아닌 제 인생이 참 한심하더군요. 좋은 교사도 되고 연기에 몰두도 하고 싶었어요. 마음을 다잡고 다시 공부를 했습니다. 그렇게 대구교육대학교에 들어가게 됩니다.

흔들리는 청춘

　　　　　　　　　교대에 들어가서는 꿈같은 시간을 보냅니다. 참 여러 가지 일이 있었어요. 아, 제일 먼저 한 일은 교대 입학 전에 있었네요. 합격자 발표도 안 났던 시기였는데, 연극동아리 카페에 가입해서는 "이 동아리에 가입하기 위해 서울에서 대구까지 왔는데 올해 동아리 소개가 왜 아직 안 올라오나요?"라며 패기 있게 선배들을 압박합니다. 정말로 이 동아리가 전국에서 가장 잘 돼 보여서 서울에서 대구까지 왔거든요. 근데 제가 지원하자마자 동아리가 조용하니 속이 탔을 수밖에요. 그렇게 들어가서는 4년 동안 참 많은 배역을 맡았습니다. 교대에서만 6번 정도의 연극을 했어요. 보통 연극 올리는 데 두 달 가까이 시간이 드니 정말 많은 시간과 노력을 쏟은 셈이에요. 교대 4년 중 1년은 수업 마치고 매일 연극을 했다고 생각해야죠.

그런데 꿈을 이루기 위한 알차게 살았던 시간의 후폭풍이 졸업 후에 찾아옵니다. 실습 나가서 아이들을 만나는 일은 너무나 행복했지만, 그것이 배우 생활보다 행복한지에 대해서는 많은 의문이 들었어요. '좋은

교사가 되겠다고 이리저리 바쁘게 살고 연기가 하고 싶어서 극회 활동을 열심히 한 것은 후회가 없지만… 전문적인 배우 훈련, 오디션 한 번 해보지 못하고 배우의 꿈은 접어야 하는 건가?' 하는 생각이 들기 시작하니 마음은 흔들리고 잡히는 것은 없었죠. 결국 임용도 연극도 제대로 하지 못한 채 삼수까지 돌입했어요. '이젠 임용을 쳐야겠지. 내 꿈이야 어쨌든… 임용을 쳐야겠지.' 그렇게 생각했어요. 졸업 이후 실패한 시간을 보내며 교직에 대한 열정도, 아이들에 대한 사랑도 없이 선생님이 되겠단 생각을 한 거죠. 만약 그대로 임용 준비를 했다면 또 낙방했거나 오랜 시간 아이들에게 죄짓고 사는 교사가 되었을 것 같아요. 그런데 다행히 좋은 기회가 다가옵니다.

2011년은 방송사별로 가수 오디션 프로그램이 한창 유행하던 때였어요. 유행에 맞추어 그해 3월쯤, SBS에서 연기자 오디션을 진행한다는 빅 뉴스를 띄웁니다. '그래, 이거야! 내가 만일 저곳에서 아무런 인정도 못 받는다면, 그땐 특기가 아니라 흥미로 생각하며 사는 거야. 마지막이다 생각하고 오디션을 보자!' 운이 좋았는지 가족의 열렬한 응원 덕택인지 합숙 오디션까지 갔어요. 100명 정도가 경쟁했던 것 같은데 당시 몇만 명이 지원했으니 많이 올라간 편이죠. 방송에는 몇 번 못 나왔어요. 비 주얼이 안 돼서 스치는 장면만 나오더라고요.

　사실 호기롭게 도전했지만, 겁도 많이 났어요. '이번에 인정받지 못하 면 난 정말 끝인가?' 하는 생각이 지워지질 않더라고요. 마지막일지 모 른다고 생각하니 더 떨렸고요, 십 수 대의 카메라에 질려 오들오들 떨기 도 했어요. 하지만 그 충격적인 경험이 너무나도 스릴 있었죠. 그래서 되레 배우의 꿈을 절대 못 버리겠다는 생각을 했어요. 하지만 객관적인 평가를 받으며 내 실력을 명확히 알게 되었기 때문에 내가 할 수 있는 배우의 길이 무엇인지도 명확히 보이기 시작했죠. '일단 지금 당장 프로 연기자가 되는 건 불가능하다! 갈고 닦아야 한다'는 생각이 들었어요. 그렇게 되자 저의 또 다른 꿈에도 제대로 도전해보고 싶다는 생각이 들 더라고요. '그래, 이제 좋은 선생님이 될 수 있는지 보자. 그런 자격을 얻 을 수 있나 보자. 임용을 치자.' 늦긴 했지만, 임용 준비에 돌입했고 다행 히 이듬해 9월 구미로 발령이 났습니다.

사람을 만나다

　　　　　　　　　　그런데 또 고비가 와요. 이놈의 고비는 늘 저

만 따라다니는 것 같습니다. 미뤄두었던 군대가 제 인생에 등장해요. 군대라는 2년의 단절된 시간이 앞으로의 모든 인생 계획을 무용지물로 만드는 느낌이 들었어요. 제대 후 인생에 대한 그림을 그리기가 참 어렵더라고요. 게다가 입대 계획 때문에 담임도 안 시켜주시고… 그냥 만날 술만 퍼마셨어요. 군대 가기 전날까지 계~~~~속! 잉여로움의 연속인 데다가 아무런 공부도, 노력도 하지 않는 게으른 교사였습니다. 군대에 간다는 핑계로 그렇게 살았어요.

'군대에서 초등교육을 연구해서 훌륭하게 지식을 쌓고 나와야지~!!!' 그런 희망찬 일은 현실로 일어나지 않습니다. 현실이란 것이 늘 그렇더라고요. 전 초인이 아니었어요. 그냥 아무것도 안 하고 싶어지는 것이 군대였어요. 나중엔 숨 쉬는 것도 귀찮아지더라고요. 그렇게 시간을 낭비하던 찰나 저의 멘토 김성효 샘을 만납니다. 엄청난 우연이었어요. 학교에 복귀하면 영어 전담이 될 것이란 말에 당황! 이리저리 찾아보며 공부하다가 SNS에서 우연히 김성효 선생님을 알게 되었고, 용기 내서 메시지를 보냈습니다. 근데 정말 놀랍도록 진솔하고 따뜻한 조언을 해주셨어요. 캡처해서 올리고 싶은데 혼날까 봐 참습니다. 이때의 대화가 지금의 저를 만들었습니다. 그 순간이요. 따뜻하고 여리면서도 교육에 있어서는 담대하고 강건한 선배를 만났다는 것, 그리고 그 멘토가 실천교육교사모임 2회에 저를 초대해순 것이 저의 모든 것을 바꿔놓았어요.

사람은 역시 사람을 통해 바뀌나 봅니다. 제대 후 실천교육교사모임을 계기로 좋은 선생님을 많이 알게 되었어요. 그리고 좋은 선생님이 되겠다는 꿈에 힘껏 도전할 수 있게 되었어요. SNS를 이용하시는 좋은 선생님들께서 마치 옆 반 선생님처럼 늘 도움을 주고 따뜻하게 응원을 해주었기 때문이죠. 언제나 응원해주는 사람들이 있다는 사실은 무슨 일이 있어도 포기하지 않고 제 삶을 풍요롭게 살아가도록 도와주었어요. 심리적으로 안정이 되니 남들 눈치 보지 않고 저만이 할 수 있는 방법으로 아이들을 사랑하게 되었어요. 정답을 찾아 헤매는 것이 아니라 내가 가장 행복할 수 있는 나만의 정체성으로 아이들을 솔직하게 마주하게 되었죠. 그래서 저와 아이들 모두 더 행복해졌어요. 그리고 이제는 교사 영상제작단 '뻘짓'에서 연기도 하고 교육적인 영상도 찍으니 모든 것이

행복하게 잘 풀려가는 느낌도 들어요. 앞으로 또 수많은 역경이 있겠지만요.

나는 교실에서
행복하(한 척을 하고 있)다

저는 시끄럽게 떠드는 아이들 소리가 기분 좋은 음악처럼 들릴 만큼 아이들을 사랑합니다. 하지만 제 인생에 아이들만 가득하길 바라진 않아요. 제 인생은 아이들과 아이들을 위한 교육만을 위한 인생은 아니에요. 그렇기에 교실에는 아이들뿐 아니라 나 또한 주인으로 우뚝 서야 한다고 생각해요. 내 삶의 향기가 교실에서 은은하게 퍼져나가고, 그렇게 아이들의 삶과 만날 때 교사는 행복할 수 있다고 생각해요.

그런데 우리 교실엔, 교사로서의 내 인생엔 왜 진짜 '나'는 없는 걸까요? 우리 교사들이 '교직은 천직이며 아이들을 무한정 사랑해야 한다'는 페르소나 속에 갇혀 살아서 그럴까요? 남들이 만들어 놓은 매뉴얼에 맞춘 '좋은 교사 코스프레'를 하느라 그런 걸까요? 어떤 쪽이든 우리는 가면을 쓰고 있는 것 같아요. 그것은 그 나름대로 좋은 삶일 수도 있죠. 하지만 가면무도회는 언젠가 꼭 끝나는 시간이 있는 법이잖아요. 그런데… 가면을 벗은 나는 아직도 나만의 얼굴을 가지고 있을까요? 가면 밑의 얼굴까지 진짜 가면이 되어버리는 것은 아닐까요?

얼마 전에 읽은 책에 보니 교실에서 실패하는 삶을 사는 교사들에겐 한 가지 공통점이 있다고 해요. 그것은 자신이 어떤 사람인지 인식하는 철학의 부재라고 하더라고요. '나'라는 인식이 없다면 '대상'에 대한 명확한 인식이 생길 수 없고 서로에 대한 그릇된 인식이 관계를 망친다고 해요. 결국 이런 말이 아닐까요. '자신만의 삶이 없는 교사는 아이들도 진심으로 이해할 수 없다. 그래서 아이들과의 관계에서 실패한다.'

백 점짜리 교사가 되기 위해 자신의 삶을 너무 소모하지 마세요. 다른 사람을 따라가려 하지 마세요. 자신의 향긋한 인생과 아이들의 개구진 인생이 만나면, 그 자체만으로도 얼마나 멋진 일일까 상상해보세요. 여러분이 잘하는 것을 하세요. 내 삶을 인정하고 그 멋진 것을 교실에서 아이들과 공유하세요. 외부에서 기준을 찾느라 끊임없이 자책하는 일을 이제 멈추세요. 내면의 소리에 귀 기울여 보세요. 꼭 백 점 받지 못해도 괜찮잖아요?

'나'가 있어야 교사인
나도 행복하다

제 이야기를 주절주절 정말 많이 했네요. 제 인생 얘기 듣느라 많이 지루하진 않으셨나요? 이런 얘길 들려 드릴 수 있게 돼서, 그리고 읽어주셔서 감사합니다. 제 애기를 들으면서 책을 잠시 덮어두고 '나'를 떠올려보셨다면 성공이에요. 제 애기보단 여러분 마음의 소리가 중요하니까요. 아니면 두 눈 감고 잠드는 순간에 잠시 스치듯 여러분의 꿈이 지나갔을 수도 있죠. 잘 되었는지 모르겠네요. 교직이 꿈이었던 저는 행운아라는 생각을 합니다. 교직에 있는 것만으로도 행복하니까요. 그래서 더욱이 교직이 천직이 아니신 분들, 교사라는 잣대에 맞춰 사느라 삶이 괴로운 선생님들을 응원하고 싶어요. 지치고 힘든 분들이 꼭 '나 자신'을 찾아 행복해지셨으면 좋겠어요.

혹시 클로버의 꽃말 아시나요? 세 잎 클로버는 '행복', 네 잎 클로버는 '행운'이라는 꽃말을 가지고 있죠. 발견하기 힘든 행운보다는 이미 가지고 있는 행복을 소중히 여기라는 말로 잘 인용하더군요. 하지만 전 반대로 인용하고 싶어요. 교직에 오게 된 것이 행복이라면, 자신의 마음속 이야기를 듣는 일은 그야말로 벅찬 행운입니다. 꼭 '나'를 발견하세요. 행운을 놓아두지 마세요. 인생의 풍파가 거세게 몰아쳐도 내 마음속 이야기로 가는 지도는 가슴팍에 꼭 품어 두세요. 나는 누구인지, 무엇을 좋아하는지 절대로 잊지 마세요. 그렇게 되길 진심으로 기원하겠습니다. 그리고 저도 열심히 살아보겠습니다. 우리 함께 행복해요.

끝까지 읽어주셔서 감사하고 또 감사합니다. 여러분의 삶이 교실에서 더욱 풍요로워지길 바랍니다. 그리고 제게 연극놀이를 처음으로 가르쳐준 전국교사연극모임과 제 꿈을 찾게 도와줬던 저의 형 이수희와 부모님, 나의 정신적 지주 호철 형과 친구들, 뻘짓의 소중한 단원들, 든든한 옆 반 지원군 장우영, 김세림 선생님, 그리고 저의 멘토 김성효 선생님께 큰 감사를 전하며 글을 마칩니다.

이동민 약자에겐 한없이 약하고 강자에겐 한없이 강한 이상 성격 소유자. 만화 '원피스'를 보며 울고 웃는 철부지이지만, 삶은 꿈을 향해 나아가는 즐거운 여행이라고 굳게 믿고 꿈을 향해 걸어간다. 소극장에서 열정적으로 연기하는 연극배우이자 교사영상제작단 뻘짓에서 교사의 마음을 표현하는 행복한 교사배우. 아직 새내기 교사라 교사력을 키우기 위해 각종 연구모임과 주말 1박 연수를 다니느라 눈 밑이 퀭해져 피부관리가 시급하지만, 피부관리보다 동료 교사와 교육담소가 더 좋은 수다쟁이. '교사가 행복해야 아이들도 행복하다'는 것을 굳게 믿으며, 교사인 '나'가 가장 잘하는 연극놀이를 적용해 수업을 연구하고 있다.

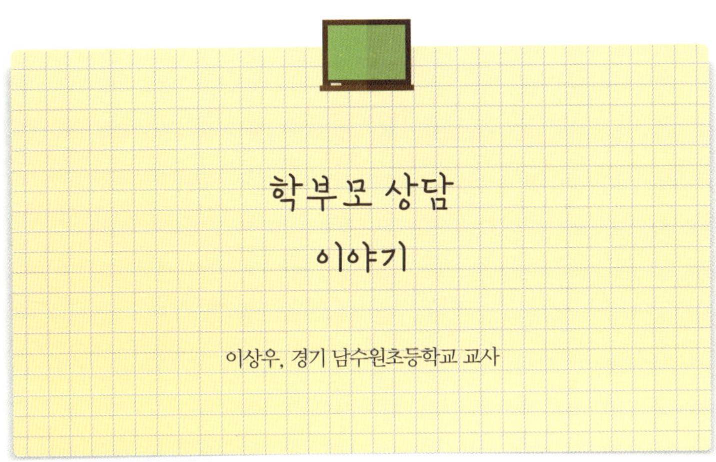

이상우, 경기 남수원초등학교 교사

학부모 상담은
상담인가, 아닌가?

상담은 기본적으로 상담자가 공적·사적으로 관련이 없는 내담자가 문제의 해결책을 찾아갈 수도 있도록 돕는 과정이다. 그렇다면 학부모 상담은 참 모순적이다. 학부모 상담은 기본적으로 학부모 자신의 문제가 아니라 학생의 문제를 다룬다. 그리고 교사는 상담 전공자도 아니고 내담자인 학부모의 자녀를 교육한다. 상담 이론에서는 이를 '이중관계'라 칭한다. 상담 관계 이외에 다른 관계를 내담자와 맺은 경우, 다른 상담자에게 의뢰하는 것이 상담의 일반적인 원칙이다. 왜냐하면, 상담자는 내담자에 대한 무조건적 긍정, 공감적 경청, 존재의 수용, 솔직함이 필요한데 자녀의 교육을 위임한 학부모와 위임

받은 교사의 관계가, 내담자와 상담자의 입장과 같을 수 없기 때문이다. 기본적으로 학부모 상담이 어려운 것은 선생님들이 상담기술이 부족해서가 아니라 이러한 복잡한 심리적·관계적 메커니즘이 있기 때문이다.

수년 전 한 여학생이 자기가 속한 또래집단의 우두머리가 되어 이래저래 잦은 문제행동을 보여서 망설이던 끝에 담임으로서 학부모 상담을 어렵게 요청했다. 나름대로 성심성의껏 상담한다 생각하고 말씀드렸는데, 어머님이 내게 이렇게 말씀하셨다.

"선생님이 제 아이를 제대로 이해 못 하시네요."

순간 말 그대로 멘붕이 왔다. 아이의 문제행동에 대해 어머님께서 받아들이시지 않으면 어떡하나 하는 걱정만 했지, 담임교사인 나를 공격(?)하리라고는 상상을 못 했기 때문이었다. 나는 당황해서 "저는 그런 교사가 아닙니다. 아이를 충분히 이해하는 교사입니다. 누나와 여동생 사이 둘째로 자라서 여자 심리를 잘 알고, 어렸을 적에 사촌 누나들만 넷인 시골에서 자랐으며 여학생 과외도 많이…"라고 설명을 드렸지만, 내 말이 변명처럼 느꼈기 때문인지 어머니는 받아들이지 않았다. 별말씀이 없으셨다.

학부모 상담은 기본적으로 쉬울 수 없다는 것이 내 결론이다. 이미 서로가 불편한 자리일 수밖에 없다. 특히 정기적인 상담이 아닌 경우라면 대부분의 상담은 학생이 뭔가를 잘해서가 아니라 문제행동이 심해져서 더 이상 교사가 다른 대안이 떠오르지 않고, 교실 내에서 참을 수 없을 때 부모에게 이 사실을 알리고 협조를 구하기 위해서이다. 그런데 학생의 문제를 학부모에게 알렸을 때 반응이 어떤가? 아마도 필자와 비슷한 학부모의 공격(?)을 당하거나 아이의 문제행동을 인정하지 않는 학부모를 자주 만났을 것이다. 특히 아이의 문제행동이 심할수록 그러하다. 이미 아이의 문제행동은 어제오늘의 이야기가 아니고, 학부모도 예전 담임에게 그런 얘기를 많이 들었다. 때로는 집에서의 행동과 학교에서의 행동이 딴판인 아이들도 있어서 '우리 애는 그럴 애가 아니다. 내가 가장 잘 안다'라고 하며 방어하기도 한다. 사정이 이러다 보니 '아이를 만나서 해결이 안 될 일은 학부모를 만나서도 안 된다'는 말도 폭넓게 공감을 얻고 있다.

이런 측면에서 고려했을 때 필자는 감히 학부모 상담은 일정 부분 상담적 성격이 있긴 하지만, 아이의 성장 과정에 대해 교사와 학부모가 함께 얘기를 나누는 간담회의 측면과 아이의 행동 개선에 대한 자문을 구하는 측면이 강하다고 주장하는 바이다. 유행가 가사처럼 상담인 듯, 상담 아닌 상담 같은 학부모 상담이다.

학부모, 그들은 누구인가, 학부모는 교사와 다른가?

학교에 상담 올 때 학부모는 어떤 마음으로 올까? 그 마음을 잘 아는 선생님이 드물다. 그런데 이 기분을 잘 아는 선생님들이 있다. 바로 내 아이 문제로 학교로 불려갔던, 학령기 자녀가 있는 선생님들이다. 그제야 학부모가 교실 문 앞에 설 때 얼마나 마음이 두근거리는지 안다. 교사로서 육아 휴직을 하고 아는 사람도 별로 없이 1학년 학부모총회에 참석하는 뻘쭘함은 안 당해본 사람은 모른다. 담임 교사가 아이 문제로 학교에 오라고 하는 말만 들어도 심란하고 온갖 생각이 떠오른다는 것을 공감하게 된다. 담임교사에게서 온 전화를 끊고 정말 학교에 가서 담임과 상담할 정도인가 의문을 갖기도 하고, 아이에게 일장 잔소리를 퍼붓기도 한다.

엄마와 아이는 건강하게 분리되어 있을까?

그렇다면 담임교사로부터 '아이에게 이러 이러한 문제가 있다'는 말을 들었을 때 학부모의 마음은 어떨까? 이때 학부모의 마음과 비슷한 예를 들자면 경력 있는 옆 반 선생님이 우리 반 학급경영에 대해 "○○ 선생님은 너무 물러 터졌어. 애들을 잘 잡지 못하니까 애들이 난리 치는 거야. 애들은 원래 좀 무섭게 해야 돼"라는 말을 들었을 때와 비슷하다. 이때 이런 생각을 한다. '자기가 우리 반을 알면 얼마나 알아?'

학부모는 자신의 아이에게 문제가 있다는 얘기를 들으면 창피해한다. 자신의 잘못으로 생각한다. 충격을 받고 크게 낙담한다. 아이를 크게 혼낸다. 이런 현상은 왜 일어날까? 수년 전 EBS에서 방영되어 큰 반향을 일으킨 다큐프라임 '마더쇼크'에서 한 가지 실험을 했다. 아이들이 모여 게임을 하는 모습을 엄마들에게 보여주고 뇌파를 측정했더니, 자신이 성공했을 때 활성화되는 부위가 반응했다. 그런데 아빠들은 달랐다. 타인이 성공했을 때 활성화되는 부위가 반응했다. 이는 엄마들이 자녀의 성공과 실패를 자신의 성공과 실패로 동일시하기 쉽다는 것을 증명하는 사례라 할 수 있다. 이런 이유 때문에 교사가 엄마들에게 자녀의 잘못을

술술 얘기하면 받아들이기 힘들다.

교사가 학부모와 관계를 원활하게 하고 아이의 성장을 도우려면, 학부모를 상담의 대상으로 보기보다 아이의 성장과 발달을 돕는 전문가로 봐야 한다. 부모는 한 아이에 대해 가장 많은 정보를 알고 있는 양육 전문가이고, 교사는 한 학급의 교육을 책임지고 있는 전문가이다. 두 전문가는 서로 반쪽밖에 알 수 없기 때문에 협력해야 하고, 서로의 관점을 존중해야 상담의 실마리가 보인다.

그렇다면 학부모가 가장 두려워하는 것은 무엇일까? 그것은 바로 '담임교사가 우리 아이를 나쁘게 보지 않을까?'이다. 그런데 더 본질적인 답은 '부모인 나를 나쁘게 보지 않을까?'이다. 이를 인과적으로 연결해 보자. 학부모는 '담임교사가 내 아이를 나쁘게 본다'고 생각하면, 담임이 학부모인 자신도 나쁘게 볼 것이라고 간주한다. 수치심과 죄책감을 느낀다. 나아가 교사를 더 부담스러워 해서 피하거나 적대적으로 대한다. 누가 뭐라 하지 않아도, 겉으로는 인정하지 않아도 아이가 잘못된 모습을 보이는 것에 대해 마음속으로는 자신의 잘못이라고 자책하는 것이 부모다. 겉으로는 내색하진 않지만, 속으로는 나름대로 최선을 다하는 학부모 자신을 인정해주지 않는다는 서운함이 문제의 본질이다.

교사들도 아이가 잘못되는 원인이 아이의 기질, 가정환경의 어려움, 부모의 양육 태도, 또래집단의 영향에 있다고 생각하지만, 내면 깊은 곳에서는 아이의 행동이 나아지지 않는 이유가 '교사로서 자신의 능력 부족'에 기인한다고 생각한다. 옆 반 선생님이 우리 반에 와서 "걔, 왜 자꾸 다른 반 애를 건드리는지 모르겠어"라며 우리 반 아이의 잘못을 2~3분만 얘기해도 왠지 모르게 마음이 불편하고 얼굴이 화끈거린다. 부모들의 마음도 이와 같다. 교사가 전화로 갑작스럽게 학교에 오라고 할 때의 부모의 심정은 인터폰으로 교장 선생님이 호출할 때의 교사의 심정과 비슷하다. 학부모는 교사가 무슨 말을 할까 걱정, 교사는 학부모가 자신의 말에 어떻게 반응할까 걱정이다. 결국, 교사나 학부모나 서로 두렵기는 마찬가지다.

말썽 많이 부리는
초등 1학년 남자아이 엄마의 심정은?

교사가 내 아이를 나쁘게 보고, 자신(학부모)을 나쁘게 본다고 생각하면 어떤 일이 벌어질까? 자신을 부정적으로 보는 사람과의 대화로 태도를 달리할 사람은 거의 없다. 학부모 상담은 평행선을 그을 수밖에 없다. 특히 초등학교 1학년 꾸러기(친구를 때리고 말썽을 많이 부리는 남자아이를 지칭함) 엄마들은 죄인이다. 애도 1학년인 데다 엄마도 심리적으로 1학년이라서 모르는 것도 많고 처음이라 불안한데, 선생님께서 '아이에게 문제가 있다'라고 하면 엄마는 감당이 안 된다. 저학년 때는 담임 말에 수긍할 수 있지만, 아이의 학년이 올라갈수록 더 방어적으로 나오거나, 교사의 사소한 실수를 물고 늘어지거나, 거꾸로 내 아이가 '피해자'라고 생각하면 사안보다 더 강력한 대책을 요구하기도 한다.

1학년 꾸러기 엄마의 입장은 초임교사의 학급 위기와 비슷하다. 모든 것이 공교육의 첫 경험이기 때문에 기대도 크지만, 좌절과 불안, 스트레스도 높다. 그래도 초임교사는 옆에 도와줄 동료 교사라도 있지만, 꾸러기 엄마는 엄마들 사이에서도 왕따다. 더군다나 요즘 엄마들은 예전과 다르게 자기 아이와 갈등 있는 아이의 부모에게 직접 전화해서 따지는 경우도 흔하다. 점점 더 꾸러기 엄마는 위축되고 교사, 학부모, 반 아이들에게 죄인 된 심정이 된다.

이런 상황에서 꾸러기 엄마는 아이를 어떻게 가르칠까? 불안 속에 설익은 지식으로 아이를 다그친다. 부모의 불안은 아이에게 옮겨지고 아이의 불안은 더 심해진다. 불안해진 아이는 학교에서 문제를 더 일으킨다. 교사는 참고 참다가 아이를 더 혼낸다. 애들은 집에 가서 자기 엄마에게 꾸러기 얘기를 한다. 사실 애들은 엄마가 바라는 말을 한다. 아이는 꾸러기라는 낙인이 찍힌다. 반 엄마들 사이에서 '쟤 때문에 내 애가 피해 본다. 쟤만 없으면 좋을 텐데'라는 분위기가 형성된다. 이런 상황에서 갑자기 핸드폰에 담임 번호가 뜨면 꾸러기 엄마에겐 그야말로 공포 그 자체다.

이것만 잘 풀어도 문제행동이 심한 1학년 아이가 달라진다. 1학년 담임교사가 엄마들에게 '꾸러기'라는 낙인을 찍을수록 아이의 문제행동이 심해지고 그 피해가 고스란히 자녀들에게 돌아간다는 악순환 메커니즘을 알려줘야 한다. 선순환이 필요하다. 해결책 중 하나는 다른 부모들이 그 아이를 좋게 생각하고 따스한 말 한마디와 미소를 건네주고 자신들의 자녀에게 꾸러기에 대해 나쁘게 말하지 않는 것이다. 공감은 해주되, 어떻게 하면 그 아이와 함께 지낼 수 있을지 아이와 얘기를 나눈다. 더불어 꾸러기 엄마를 같은 반 학부모의 일원으로 편하게 대한다.

애들에 대한 지나친 관심보다는 드라마에 등장하는 멋진 송중기의 모습에 대한 얘기를 더 많이 하는 것이 엄마들 모임을 행복한 분위기로 이

끈다. 엄마들의 행복감이 커지면 아이를 대하는 태도도 너그러워진다. 교사도 자신의 컨디션이 좋을 때 학생들을 지도하기가 쉽다. 부모가 먼저 자신의 건강과 사교, 마음상태를 챙겨야 아이들을 적절히 도울 여유가 생긴다. 내가 아이에게 지나치게 가혹하다면 어릴 적 내가 받은 양육방식이나 양육자로서가 아닌, 한 인간으로서 자신이 행복한가를 돌아볼 필요가 있다.

가능하다면 분기에 1번씩이라도 교사가 주최하는 반 모임이나 부모교육을 하면 좋겠다. 그리고 그 이전에 먼저 담임교사가 '꾸러기 아이' 때문에 힘들다고 생각하는 어머님들을 위로하고 공감해주는 것이 순서다. 그리고 부모교육과 타인에 대한 공감을 하기 이전에 1학년 아이를 돌보고 1학년 같은 1학년 아이의 엄마와 상담하며 힘겹게 애쓰고 있는 1학년 선생님들이 자신을 먼저 위로하고 공감하는 것이 필요하다. 사실 자기 위로와 자기 공감만으로도 부족하다. 이와 더불어 교사 심신을 재충전하고 적절한 맞장구를 해주는 내 옆의 선생님(전화로라도 통화 가능한)이 교사 생존의 전제조건이다. 교육의 에너지는 외부에서 교사인 내게로 들어오고, 채워진 그 에너지가 나로부터 다시 아이들에게 흘러가는 것이기 때문이다.

학부모 상담을 폭넓게
실천하면서 정립된 것들

지난 6월 중순 여주의 한 초등학교로 학부모 상담 강의를 갔다가 한 선생님으로부터 이런 말씀을 들었다. "선생님,

지금 근무하시는 학교 괜찮은가요, 계시기 힘들지 않으세요?” 적어도 6~7년 이전에 우리 학교를 근무했던 선생님들이라면 나를 매우 측은하게 쳐다본다. “괜찮습니다. 많이 달라졌어요. 5년째 생활인성부장입니다”라고 대답하면 두 가지로 반응이 나온다. ‘과연 괜찮을까?’라는 의심 어린 눈빛, 반대로 ‘대단하시네요. 열정적이시군요’라는 놀라움.

해마다 생활지도나 학생의 적응과 성장, 수업 중 문제행동에 대한 상담, 학교폭력과 관련된 학부모 상담을 100회 이상 진행하고 있다. 대부분 1~2회이고, 사안에 따라 4~5회를 한다.

이제는 필자가 ‘선생님이 우리 아이를 이해 못 하시네요’라고 얘기를 들으면 내 머릿속에는 다음과 같은 심리적 과정을 거친다. 이것은 짧은 순간에 이루어지며, 그동안 실패의 피드백을 통해 수없이 수정되어 자리 잡았다.

‘어머님께서 저런 말씀을 하시니까 아이를 위한 내 마음을 몰라주시는 것 같아 당황스럽고 불편하네. 그런데 그렇다고 내가 변명하거나 ‘어머님은 아이를 잘 이해하시냐’고 반박하면 상담이 제대로 이루어지기 어렵겠지? 이렇게 생각하니 내 맘도 조금 누그러지는 것 같다. 아, 이 학부모님은 자신의 아이를 좋게 봐주시길 바라는구나. 아이의 좋은 점을 교사가 알아주길 바라시는 것 같다. 혹시 아이에 대해 억울한 점이 있지는 않을까? 먼저 어머님 말씀을 좀 듣고 공감해야겠다. 어머님 마음이 편해지시면 함께 해결책을 찾아봐야겠어. 음, 그럼 어떤 말씀을 드리면 좋을까?’

심리과정에 따라 그에 어울리는 대화와 질문이 이어진다.

“아, 네. 어머님께서는 제가 우리 ○○를 좀 더 이해해주길 바라시는

군요."(욕구 공감)

이 말을 하고 약간의 기다림이 중요하다. 교사의 공감 시도에 대해 어머님께서 반응하실 시간을 드린다. 공감만으로도 교사의 진심이 전달되어 어머님 마음이 충분히 풀리고 자기감정을 표현하면서 대화의 전환이 이뤄지기도 한다.

"담임인 제가 아이의 어떤 점을 알기를 바라시는지 여쭈어도 될까요?"(정중한 부탁)

예전에는 필자도 문제행동이 심한 아이의 부모를 설득하기 위해 노력을 많이 했다. 그러나 대부분 상담과정도 결과도 안 좋았다. 설령 학부모가 담임의 의견에 동의했다고 하더라도 부모교육에 대한 지식 부족 때문인지 아이에게 화풀이하고 긴 잔소리에 도리어 역효과를 낳고 교사-학부모-학생의 관계가 모두 악화되기도 했다.

학부모 상담의 구체적인 목적은 세 가지이다. 첫째, 부모님께 아이에 대한 정보를 얻는 것이다. 둘째, 부모님께 아이의 학교생활에 관한 정보를 평소 관찰기록을 바탕으로 패턴을 파악하여 긍정적인 부분과 부정적인 부분을 균형 있게 알려드리는 것이다. 물론 듣는 사람에게 긍정적인 부분이 커야 하고, 부정적인 부분도 표현할 때는 지혜가 필요하다. '수업 시간에 산만하다'라는 표현보다는 '다양한 것에 관심이 많다. 활동적인 수업에는 집중을 잘하는데, 설명이 필요한 때는 미세 행동을 할 때가 있다. 수업에 집중하도록 돕고 싶다'는 식으로 조심스럽게 표현한다. 셋째, 어떻게 하면 아이가 문제행동을 줄이고, 성장할 수 있을지 함께 고민하고 해결방법을 찾아보는 것이다. 이 과정에서 학부모의 신뢰가 겉으로 드러나면, 교사가 교육적 자문 차원에서 부모교육 정보를 제공할 수 있다.

좀 더 나은 학부모 상담을 위해서

'교사가 만들어가는 교육 이야기' 모임 오후에 분임모임을 진행하면서 나눈 선생님들의 고민이 참 다양했다. 젊은 선생님들은 교사의 권위 확보와 학생 문제행동에 대한 학부모와 대화의 어려움을 주로 토로하셨다. 다른 선생님들은 학부모와의 소통 횟수와 시간, 방법에 대한 문제를 비롯한 다양한 문제 사례를 말씀하셨다. 당시 필자가 제시한 해법을 지면에 자세히 표현할 수 없음을 양해해 주시길 부탁드린다. 실천교육교사모임의 밴드와 실천교육교사모임 홈페이지의 모임 후기를 보면 확인하실 수 있다. 초등교사의 경우 인디스쿨 상담실의 상담사례 내용이 참 유용하다. 예전에는 비전문적이고 지극히 개인의 경험과 감정에 호소하는 글이 많았는데, 불과 1~2년 사이에 달려졌다. 선생님들이 올린 고민에 대한 상담 댓글들이 매우 합리적이면서도 실제적인 도움을 주고 있다.

부담스러운 학부모 상담을 좀 더 편안한 마음으로 진행하기 위해선 탄탄한 지식의 도구가 갖춰져야 한다. 예를 들어, 고학년 여학생 문제가 어렵다면 『소녀들의 심리학』 정도는 읽어줘야 한다. 필자는 이 책을 읽지 않고도 경험적으로 터득했지만, 이 책을 미리 읽었다면 그렇게 여학생들이나 학부모들과 갈등을 심하게 겪지는 않았을 것이다. 깊이 있는 지식이 있어야 괜한 고생도 덜하고 상담 경험이 쌓이면서 실천적인 노하우가 정밀하게 구조화된다. 지식이 없으면 되는 것도 안 될 거라 믿고, 잘못하는 것을 잘하는 것으로, 잘한 것을 잘못하는 것으로 오판한다. 세 가지 지식의 도구와 두 가지 경험적 제안을 드리고 싶다.

1) 3~4권의 부모교육 관련 서적을 읽고 핵심적인 공통 내용을 정리하기
2) 아이들의 행동 이해를 위한 상담 서적 탐독과 관련 연수받기
3) 비폭력 대화나 교사(부모)역할훈련과 긍정의 훈육(학급긍정훈육) 중 자신에게 맞는 한 가지를 선택해서 깊이 있게 공부하며 연습 모임 함께하기
4) 기회가 된다면 여러 분야의 다양한 사람을 만나기
5) 나 자신 탐색하기-심리검사, 개인상담, 집단상담, 과거 경험이 내게 미친 영향 확인

못다 한 이야기
그리고 희망

불행인지 다행인지 학부모와 만나기 이전에 학부모 상담의 50% 이상이 이미 결정되어 있다. 해당 학교 교육에 대한 학부모들의 신뢰, 학구 내에 형성된 담임교사의 평판, 평소 자녀와 같은 반 학부모들에게 들은 학급 이야기, 학기 초 안내장과 학부모총회를 통해 드러난 교사의 소통 노력과 교사에 대한 이미지가 그것이다. 결국, 평소 학교 구성원들의 협력과 담임교사의 노력이 상당 부분 차지하고,

학부모와의 일대일 상담은 나머지 50% 이하를 결정하는 요소이다.

갈수록 학부모 상담이 어려워진다는 말들이 여기저기서 들려온다. 별의별 학부모가 많아서 피하고도 싶다. 그런데 학생들에 대한 상담 효과 연구 결과에 따르면, 개인상담은 30회기 정도 해야 효과가 있는데, 부모와 함께한 상담은 5회기 정도로도 효과가 있다고 한다. 그만큼 학부모 상담을 병행할 때 아이가 나아질 가능성이 크다.

물론 학교에서 학부모와 5회기 정도의 상담을 하기란 쉽지도 않고 현실적인 여건도 뒷받침되지 않는다. 그래도 학부모와의 만남 없이 교육할 수 있다면 다행이나, 학부모를 만나야 한다면 굳이 피하지는 말자. 담임교사의 일방적인 전달이나 설득이 아니라 학부모와 신뢰의 관계를 만들어 가자. 그리고 학부모 상담을 아이에 대한 균형 있는 정보교류의 장으로 설정한다면 학부모 상담은 안 하는 것보다는 하는 것이 낫고, 학

:: 교내 부모교육 소모임 사진

생의 문제행동을 줄이고, 성장과 발달을 돕는 데 일정 부분 기여할 것이다. 교사의 교육적 자존감도 높아지고 관계 스트레스도 낮아지리라 확신한다. 혹시라도 학부모가 교사를 신뢰하지 않는다면 최선을 다한 교사의 노력만으로도 족하다. 수업과 생활지도를 통해서 은연중 교사의 진심이 전달되기를 기대할 수밖에… 누구나 다 만족시킬 수는 없는 일이니까.

이상우 법학부를 졸업했지만, 적성에 안 맞아 초등교사가 되었다. 초임 시절 대화법의 허상을 비판하려다가 도리어 대화법 공부에 천착했다. 그러다 인간에 대한 깊은 이해의 필요를 느껴 상담대학원에 진학했다. 상담의 효과와 한계를 깨달은 뒤, 부모교육과 학부모상담을 병행하고 있다. 법과 멀어지고 싶었으나 초등현장에서 학교폭력 문제와 씨름하며, 학폭 관련 법률의 부작용 개선을 모색 중인 5년 차 인성부장이다. 현재 교사가 근무를 기피하는 구도심 학교의 성장모델 만들기에 매진 중이다. 인간다운 세상을 꿈꾸며, 함께 해야 교육이 바뀐다는 교육 이상 실현을 지향한다.

'그림책' 만남을 준비하며

"선생님, 또 어디 가세요?"

우리 반 아이들은 내가 그림책을 쌓아놓고 고를 때마다 슬며시 다가와 이렇게 묻는다.

"어. 아주 멀리."

"어디요? 안양 아니고요?"

"어. KTX 타고 경남 창원까지 갈 거야."

"그럼 가방 여러 개 못 가져가시겠네요."

그랬다. 이번 창원 모임에 그림책 분과를 하기로 해놓고 나의 가장 큰 고민은 가방을 하나밖에 못 가져간다는 것이었다. 운전을 못 하기 때문에 늘 작은 여행 가방에 그림책을 넣고서 끌고 다녔는데, 학교 주변에서 그림책 이야기를 할 때는 그 가방에다가 장바구니 한두 개쯤은 더 얹어서 대략 60권 정도를 가지고 다녔다. 우리 반 아이들은 늘 '몇 학년 애길할 거냐, 무슨 주제로 할 거냐'를 물어보며 넣을 책과 뺄 책을 훈수 두곤 했다. 그래도 우리가 고르고 고른 책들은 늘 최대 운반량을 넘어서기 일쑤였다. 그러면 또 빼내기 작업을 시작하는데 자기들이 심혈을 기울여 넣은 책들이 가방에 들어갈 목록에서 빠질 때마다 그 책이 왜 중요한 지 나보다 더 안타까워하며 설명을 한다. 그런데 이번엔 가방 한 개뿐이라니.

아무리 많이 넣어도 40권도 안 될 거라는 걸 아이들은 알고 있었다. 더구나 특정 학년이나 주제도 없다니까 더욱 걱정스러워 했다. 교실에 있는 그림책과 학교 도서실에서 빌려 온 책들이 새로운 기준으로 쌓였다가 무너지기를 여러 번 하고서 조금은 자포자기하는 마음으로 가방에 그림책을 담았다. 그래도 아쉬운 책들이 있어 메고 가는 책가방에 4권을 더 넣었다. 가방을 닫는 순간 아이들은 가방에 들어가지 못한 책들을 보며 저 책들이 왜 선택되지 못했는지 다시 한 번 생각해 보라며 아쉬운 눈길로 책들을 다시 교실 책꽂이에 꽂았다.

"선배, 이번 창원 모임은 오후에 분과를 20여 개 만들어 희망하는 분과에 사람들이 찾아가서 듣는 시간을 마련하려고 하는데 그림책 분과 하나 맡아주지요?"

어느 날 내게 이런 전화를 한 사람은 차승민 선생님이었다. 오전에 '세바시' 같은 강연을 한 뒤 오후에 분과로 운영한다는 애길 듣고 어느 분과에 가서 열심히 들어볼까만 생각하고 있었는데 분과를 하나 맡으라니 두 가지 고민이 생겼다. 하나는 내가 다른 분들이 운영하는 분과에 가서

들을 수 없다는 것이고, 또 하나는 내가 분과를 만들면 누가 올 것이며 만약 오신다 해도 결코 자발적인 게 아니라 늦게 신청해서 어쩔 수 없이 밀려서 오시는 분일 텐데 그런 분들과 무슨 이야기를 할 수 있을까 하는 것이었다. '실천교육교사모임'이 어떤 곳인가? 나름 스타 저자들과 프로 강연자들이 모여 있는 곳인데 나보고 분과 하나를 맡으라니 정말 부담이 많이 되었다. 지금 생각해도 무슨 마음으로 수락을 했는지 모르겠다. 우선은 아무도 안 오면 내가 듣고 싶은 곳에 가서 들으면 된다는 생각이 들었고 혹시 오신 분이 있어도 억지로 오셨으면 다른 곳에 가시라고 해야겠다는 생각에 이르자 좀 마음이 편해졌다.

마음을 너무 편하게 가졌나? 아침 6시 1분 기차를 예약해 놓고 눈을 떴는데 5시가 넘었다. 1박 2일 동안 집 비울 거라고 자정 넘어서까지 반찬 몇 가지 한 게 화근이었다. 알람 맞추는 것을 잊고 잤다니. 시내버스를 타고 역에 내리니 5시 59분이다. 기차가 연착하기를 바라고 또 바라며 그림책이 든 가방을 끌고 메고 플랫폼으로 달려갔다. 그런데 아직 플랫폼으로 내려가는 에스컬레이터에도 못 갔는데 기차가 들어오는 게 아닌가? 정말 내가 할 수 있는 온 힘을 다해 뛰었다. 기차에 타고 나서도 숨을 고르는 데 한참이 걸렸다. 창원 경남교육연구원에 도착하니 페이스북을 본 사람마다 무사히 기차 탄 걸 축하해 주었다. 이토록 스펙터클하게 하루를 시작하다니. 오전 연수 쉬는 시간에 운영진 한 분이 그림책 분과 1, 2회가 다 마감되었다고 알려주신다. 전혀 예상치 못한 일이라 반갑기도 하고 부담은 더 커졌다.

그림책은 어떤 책인가

그림책은 취학 전 아이들이 주로 보는 그림이 많고 글은 조금인 비싼 책이라고 흔히 생각되곤 하는 그런 책이다. 그런데 그림책을 알면 알수록, 보면 볼수록 책의 깊이와 예술성 그리고 방대한 활용성에 놀라게 된다. 그래서 그 얇고, 글자도 얼마 없거나 아예 없는 책들을 자꾸 사게 된다. 그리고 볼 때마다 보이는 게 달라지기도 하고 해석이 달라지는 재미에 같은 책을 여러 번 들여다보게 된다. 거기에 누구와 읽느냐에 따라 또는 누가 읽어주느냐에 따라서 보이는 것과 느낌도 달라진다. 분과 모임에서 함께 나눈 이야기를 중심으로 그림책 이야기를 조금 해보고자 한다.

첫째, 그림책은 읽어줘야 하는 책이다. 영화를 볼 때 우리나라 영화는 장면과 대사가 동시에 들어오기 때문에 장면 이해가 빠르지만, 외국 영화는 대사를 먼저 읽고 장면을 보니 놓치는 장면이 있거나 동시에 화학적인 결합이 이루어지지 않는 경우를 경험했을 것이다. 그래서 외국 영화의 경우 두 번째 볼 때 새롭게 보이는 게 훨씬 많거나 더 깊은 느낌을 받게 되는 일이 종종 있다.

그림책 또한 텍스트와 그림을 시간차를 두고 보는 것보다 텍스트는 말로 듣고 그림을 중심으로 보는 것이 더 깊이 느끼는 방법이다. 그러기 위해서 그림책은 누군가 읽어주는 걸 듣거나 아이들에게는 읽어주는 게 좋다. 6학년들도 책을 읽어주면 좋아한다. 그러면서 글에 없는 그림 속 힌트를 찾아내며 신기해하고 즐거워한다. 그림책 속의 그림은 글을 그대로 설명하는 삽화와는 달리 독립적인 이야기가 들어있거나 글에서 좀 더 확장된 내용이 들어있기 때문에 그림을 자세히 읽어내면 그림책을 더 풍성하게 느낄 수 있다. 그래서 한 사람이 읽고 여러 사람이 그림을 보며 듣는 방식으로 그림책을 보면 혼자 읽을 때는 발견하지 못했던 것들을 재발견하는 즐거움을 자주 경험하게 된다. 학년이 어릴수록 이런 경험이 더 자주 일어나지만, 학교 선생님들과 그림책 동아리를 운영할 때 어른들끼리만 읽어도 역시 그런 즐거움은 적지 않았다.

팻 허친스 작가의 〈로지의 산책〉이라는 그림책이 있다. 이 책의 텍스트는 정말 간단하다. 암탉 로지가 농장 여기저기를 산책하다 저녁 먹으러 다시 닭장으로 돌아온다는 게 전부다. 하지만 이 책의 그림에는 텍스트에는 없는 여우의 존재와 암탉을 잡아먹으려는 여우를 본 농장 주변의 여러 동물의 모습, 암탉이 여우에게 잡힐 수도 있었던 여러 상황이 아무 설명 없이 곳곳에 배치되어 있다. 이 책을 아이들과 보면 여우가 암탉을 잡아먹기 위해 호시탐탐 노리거나 거의 성공할 듯한 장면에서 아이들은 암탉 로지에게 상황을 설명해 주고 효과음을 넣어주느라 거의 무아지경이 된다.

:: 팻 허친스 글 · 그림,
더큰 theknn

:: 한성옥 지음, 문학동네어린이

　이런 글과 그림의 대위법적 관계를 잘 나타낸 우리나라의 대표적인 책은 한성옥 작가의 〈행복한 우리 가족〉이다. 행복해 보이는 가족이지만, 표지부터 금지 표지가 있고 자세히 보면 가족 글자 아래 폭탄이 매달려 있다. 텍스트만 보면 휴일에 가족이 도시락을 싸서 미술관에서 즐거운 시간을 보내고 행복하게 돌아왔다는 아이의 일기 내용이다. 하지만 표지에서 힌트를 주었듯이 이 가족은 그야말로 폭탄 가족이다. 자신들의 행복을 위해 다른 기본적인 것들을 무시하는 장면이 곳곳에 그림으로만 나온다. 텍스트 중심으로만 읽은 어른들은 끝내 발견하지 못하는 여러 잘못된 모습이 그림 곳곳에 반전처럼 들어 있어 찾는 재미가 매우 크다. 분과 모임에서 이 책을 읽을 때 전에 이 책을 보신 분이 새로운 발견과 해석을 경험하시고는 자신은 다르게 봐왔다고 말씀하셔서 같은 책이라도 얼마나 다르게 볼 수 있는지를 함께 느끼는 시간이기도 했다.

　둘째, 그림책은 어떤 주제의 수업이든 가능하게 해준다. 특히 분량이 많지 않아 수업 시작 때 동기 유발 자료나 수업 중 자료, 또는 수업 마지막에 정리 자료 등 어떤 것으로도 다 훌륭하다. 물론 그림책은 교육 자료로 만들어진 것이 아니므로 너무 자료로만 접근하는 것은 옳지 않겠지만, 수업 내용에 적확한 그림책을 골라 활용하면 그림책과 수업 모두 효용감이 매우 높아지기 때문에 이 매력적인 자료에 자꾸 손이 갈 수밖에 없다. 특히 초등 고학년 수업을 할 때 인권이나 평화, 지속가능 발전, 진로 등의 큰 주제 수업을 하다 보면 정말 개념부터가 난감한 경우가 많은데 이때 쉽게 다가설 수 있게 해준다.

〈하나라도 백 개인 사과〉라는 그림책이 있다. 정체성과 다름을 인정하는 수업을 할 때 많이 활용된다. 한 개의 사과지만 직업에 따라 모두 다른 점을 중심에 두고 본다는 것에서 우리의 편견을 깨주기도 한다. 인권을 주제로 하는 수업이나 진로 교육의 시작인 '나 알기'에 대한 수업에 활용하기 좋다. 이 책을 읽고 '한 명이지만 백 명인 나'라는 글을 써서 발표하도록 하는데 자신을 다양하게 보고 있는 주변 사람들의 시선을 새삼 깨달으며 자신의 중요성을 발견하는 계기가 되어 자존감을 키우는

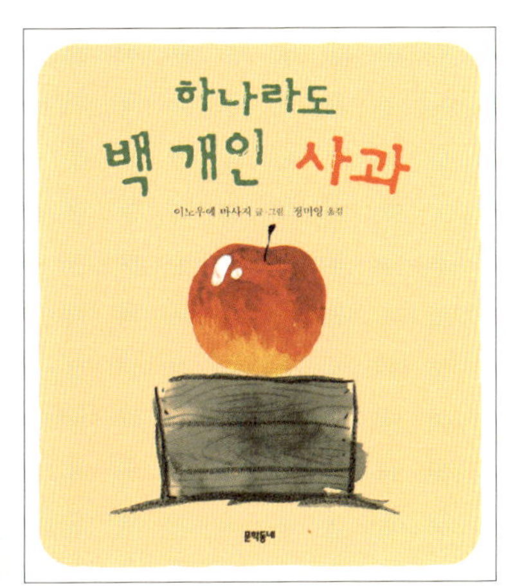

:: 이노우에 마사지 글 · 그림, 정미영 옮김,
문학동네어린이

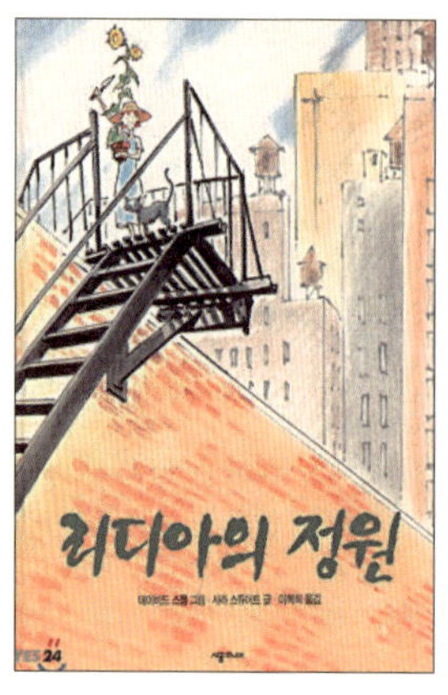

:: 데이비드 스몰 그림, 사라 스튜어트 글, 이복희 옮김,
시공주니어

데 도움이 된다.

〈리디아의 정원〉은 미국 대공황 시기가 배경이어서 초등 5학년 이상은 되어야 제대로 이해할 수 있다. 책 면지부터 이야기가 시작되므로 어느 한 부분도 소홀히 보면 안 된다. 가정형편이 어려워져 다른 도시의 외삼촌에게 얹혀살게 된 리디아가 가족에게 보내는 편지로 구성되어 있는데 편지 내용과 그림이 조금씩 차이가 난다. 어려운 상황에서도 꿈을 키워가는 리디아의 긍정적인 모습을 보면 저절로 삶에 대한 의욕이 생긴다. 진로교육을 직업교육으로 오인하는 경우가 많은데, 자신이 진정으로 좋아하는 것이 무엇인지를 생각하며 올바른 삶의 태도를 갖게 하는 것이 진로교육이라 할 때 이 책을 빼놓을 수 없을 것이다.

셋째, 그림책은 어떤 연령대도 볼 수 있다. 결코 아이들만의 책이 아니다. 요즘은 초등학교 고학년을 위한 그림책이 따로 나오기도 하지만, 그 이상인 성인들이 봐야만 이해가 되거나 아예 성인들을 대상으로 했다는 생각이 드는 그림책도 많다. 그런 책으로 대표될만한 책이 바로 다비드

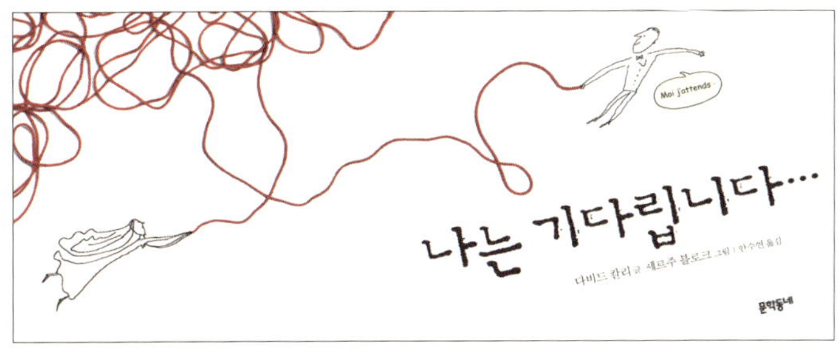

:: 다비드 칼리 글, 세르주 블로크 그림, 안수연 옮김, 문학동네어린이

칼리의 〈나는 기다립니다〉이다. 털실을 모티브로 인생의 시기마다 가장 기다리는 일들을 간결하면서도 따뜻하게 표현한 이 책은 페이지를 넘길 때마다 "맞아, 맞아" 하다가 어느 순간 먹먹해진 마음에 아무 말도 못 하게 되는 그런 책이다. 3월에 처음 학부모를 만나는 날 이 책을 읽어드리는 편인데 어머님들의 눈가가 촉촉해지기도 한다.

어른이 읽으면 좋은 우리나라 책으로는 윤석남 화가의 드로잉을 한성옥 작가가 그림책으로 편집한 〈다정해서 다정한 다정 씨〉가 올해 출간되어 많은 사람의 마음을 뭉클하게 해주고 있다. 40살이 되어서야 전업주부에서 그림으로 새로운 삶을 시작한 윤석남 작가는 여자들의 삶과 관련된 작품 활동을 계속해 왔다. 작가 자신과 딸, 어머니, 그 외에 이 땅의 어머니들의 마음을 담은 이 그림책은 여성과 모성을 위한 헌사라고도 볼 수 있다. 그 외에도 이보나 흐미엘레프스카 작가의 〈마음의 집〉이나 〈두 사람〉, 레오 딜런과 다이앤 딜런 부부의 〈무슨 일이든 다 때가 있다〉 같은 책도 어른끼리 읽으면 더 많은 이야기를 나눌 수 있다.

연령별 권장도서라는 걸 정하는 경우가 많은데 이때 해당 나이는 그 책을 읽기 시작하는 나이이지 그 책을 그 나이만 읽으라는 것은 아니라

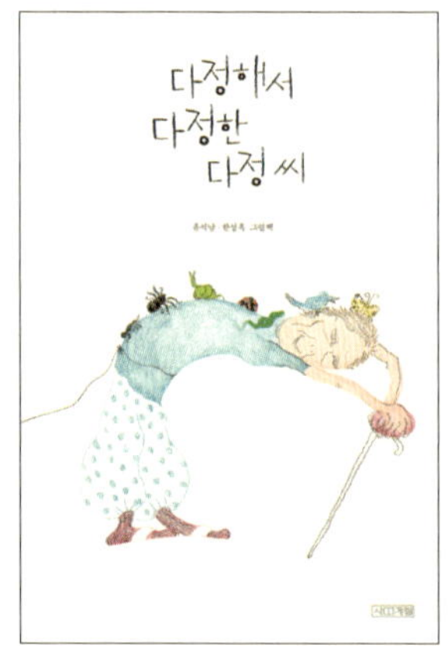

:: 윤석남 · 한성옥 지음, 사계절

고 본다. 즉 읽기 시작하는 나이는 있지만, 그 이상의 나이라면 모두 읽어도 좋다는 뜻이다. 그런 점에서 그림책은 세상에 태어나 가장 먼저 만나는 책이자 가장 나중까지 만나는 책이라고 할 수 있다.

요즘 그림책과 관련된 책이 많이 나오고 있다. 이런 책들은 그림책에 대한 안목을 키워주고 주제에 맞는 책을 고르는 데도 많은 도움이 된다. 그러나 자칫하면 저자의 시선으로만 그림책을 볼 수도 있으므로 적당한 거리를 두고 책을 볼 필요는 있다.

그림책을 더 알고 싶다면

그림책 관련 도서는 크게 교사들이 쓴 책과 교사가 아닌 분들이 쓴 책으로 나눠볼 수 있다. 교사들이 쓴 책으로는 최은희 선생님의 〈그림책을 읽자, 아이들을 읽자〉가 최근에 다시 나왔고, 같은 저자의 〈나를 불편하게 하는 그림책〉과 〈학교에 간 그림책〉도 함께 보면 좋은 책들이다. 강승숙 선생님의 〈선생님, 우리 그림책 읽어요〉는 그림책으로 국어 부진 학생들을 지도한 내용이 잔잔한 에세이처럼 들어있다. 그리고 경기도 시흥의 그림책 교사 모임인 '연꽃누리'의 〈그림책 읽는 즐거운 교실〉은 이미 2권까지 나와 있고 3권이 지금 준비 중인데 주제에 맞는 그림책을 알고 싶거나 그림책과 함께 하는 여러 활동을 아는 데 무척 좋은 책이다.

교사가 아닌 분들이 쓴 책으로는 소아정신과 전문의인 서천석 교수의 〈그림책으로 읽는 아이들 마음〉과 그림책과 함께 만난 자신과 아이와 이웃의 모습을 진솔하게 쓴 김미자 씨의 에세이집 〈그림책에 흔들리다〉 그리고 그림책 평론가와 아동학 박사가 함께 쓴 〈그림책에게 배웠어〉 같은 책들이 최근에 출간되어 그림책의 고전뿐 아니라 최근에 출간된 책들까지 잘 안내해주고 있으므로 읽어 보면 좋은 참고자료가 되리라고 본다. 도서 유통 회사인 '오픈키드'에서 매월 발행하는 〈열린 어린이〉라는 잡지도 그림책이나 아이들 책에 대한 안목을 높이는 데 좋은 자료다.

:: 최은희 지음, 에듀니티

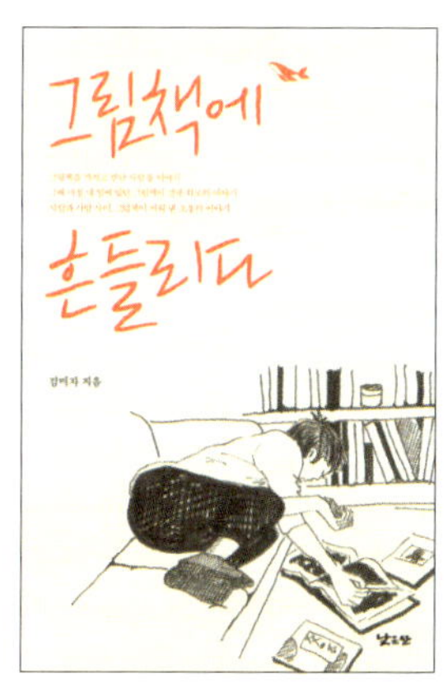

:: 김미자 지음, 낮은산

작은 날갯짓이 일으킨
큰바람

분과 모임으로 주어진 70분은 가져간 그림책을 다 소개하기에도 많이 짧았다. 그래서 두 번의 분과 모임을 마치고 아쉬움이 많았는데, 모임을 계속하고 싶은 사람들은 다시 한 번 모일 기회를 준다고 해서 혹시나 하는 마음으로 분과 모임을 했던 강의실로 가보았다. 그런데 네 분이 와 계셨다. 모두 그림책이나 독서교육에 관심은 많으나 지역 모임을 할 여건이 잘 안되는 분들이었다. 그래서 SNS 밴드에 '실천그림책독서교육'을 만들었다. 그렇게 5명으로 출발했지만 두 달여가 지난 지금은 회원이 150명이 넘고 그중에는 아동문학 평론가, 책방을 운영하시는 분, 인터넷 서점 MD 등 교사가 아닌 분들도 계신 풍성한 밴드가 되었다. 작은 날갯짓이 큰바람을 일으킨 것 같아 놀랍고 기쁘다.

그림책은 맛있다. 그것도 읽으면 읽을수록, 자세히 들여다보면 볼수록, 함께 읽어주면 읽어 줄수록 그 맛의 깊이가 더 깊어진다. 이 맛있는 그림책을 더 많은 분이 맛보고 그 맛을 교실의 아이들과 주변 사람들에게도 널리 알리면 좋겠다. 그림책은 생의 가장 마지막까지 함께할 동반자가 되어 줄 것이기 때문이다.

인경화 어느새 경력이 20년이 넘었지만, 실력과 마음은 늘 신규 교사라 매일매일이 새롭고, 가르치는 것보다는 배우는 것이 더 재미있다. 주로 고학년을 맡지만 아이들과 함께 수업과 관련된 그림책을 읽거나 주말에 현장 체험학습 다니는 것을 좋아한다. 올해는 6학년 아이들과 함께 꿈과 삶을 이야기하며 '무엇이 될 것인가'보다 '어떻게 살 것인가'를 고민하며 지내고 있다. 수업 시간에 쉽게 활용할 수 있다는 이유로 그림책과 만나기 시작했지만, 그 다양함과 깊이에 매료되어 지금은 그림책을 수업의 도구보다는 삶의 친구로 여기고 있다. 그림책처럼 볼 때마다 새로운 게 보이는 사람이 되고 싶다.

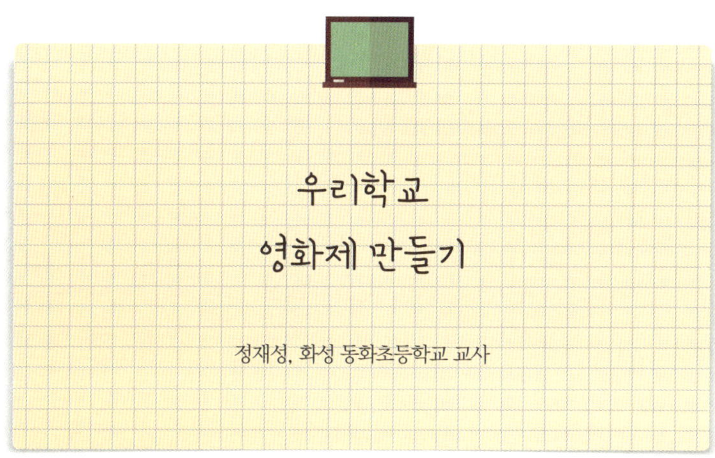

분과 모임을 준비하면서

처음에 정성식 선생님의 전화를 받았을 때 참 의아했다. 나는 그런 곳에서 강의를 할 경력이나 능력이 있지 않은데 어떻게 나를 섭외하려 하시는지…. 그리고 감히 여러 선생님 앞에서 사례나 팁을 발표해도 되는 건지 조금 겁이 나기도 했다. 하지만 김차명 선생님의 응원이 있었기에 무섭지만, 용기를 내었다.

내가 맡은 분과의 주제는 '우리 동네 영화제 만들기'였다. 마을교육공동체와 학교 영상동아리 활동을 결합한 것이다. 즉, 영상동아리 활동을 하면서 제작한 영상을 1년 단위로 모으고 학교 시청각실에 지역 사람들을 초청하여 상영하는 지역 축제를 만드는 활동을 소개하는 것이었다. 영상 제작에서부터 영화제 기획까지의 전반을 소개해야 하는, 어떻게 보면 매우 복잡한 활동이라고 할 수 있었다.

　시간이 조금 더 길고 촬영 장비나 컴퓨터가 충분히 갖춰져 있었다면 프로그램도 다뤄보고 촬영 편집 실습도 할 수 있을 것 같은데, 시설이나 시간적인 면에서 실습을 하기에는 어려움이 많아 보였다. 그래서 제작한 영상을 함께 보고 제작 과정을 설명하고 질문을 받는 위주의 분과 모임을 기획했다. 기존에 제작한 영상 자료와 그림 자료도 있지만, 조금 부족해 보여서 며칠 동안 밤에 컴퓨터 앞에서 영상 자료를 제작하고 사진 자료를 수집하여 파워포인트에 끼워 넣었다. 설명만 하면 지루하니까 중간중간에 아이들이 만든 영화도 보여드리고 설명에 도움이 될만한 영상도 보여드리고 하면서 많이 지루하지 않게 진행하려고 노력했다.

분과 모임 강의장에서

　　　　　　　학교 영화제라는 뚱딴지같은 주제에, 나는 솔직히 많은 선생님이 신청하리라고는 기대하지 않았다. 영상이라는 매체는 매우 복잡하고 시간이 많이 드는 작업인지라 아마도 접근하기 힘들 거라 생각했기 때문이다. 게다가 이러한 영상을 가지고 학교 영화제를 만드는 이야기라니…. 영상에 대한 열의가 없으면 고개를 절레절레 흔들며 다른 강의를 알아보지 않을까 하는 생각이 들 정도였다.

　하지만 생각보다 많은 분이 강의를 신청해 주셨고 그에 대한 부담감으로 몸이 떨려왔다. 나는 5명 정도의 단출한 모임이 될 줄 알았는데, 생각 외로 많은 분이 신청해 주셔서 깜짝 놀랐다. '제목에 끌려서일까? 다른 선생님이 하시는 활동에 그다지 별다를 것도 없는데, 혹시 나이가 어린 선생님이 들어와서 실망하시지나 않을까?' 하는 생각이 들었다. 괜히 한 번 더 강의 요약본을 들여다보게 되었다.

강의를 시작했다. 먼저 우리 학교 영화제 만들기 소개 영상을 보여드렸다. 3분짜리로 우리 학교 영화제가 어떻게 진행되고 어떻게 기획하게 되는지에 대한 영상이었다.

내용은 대략 이렇다. 영화제 포스터를 제작하여 인터넷 업체에 주문하고 제작된 포스터를 학교 내외부에 부착하고 가정통신문을 배부하여 학교 내외에 알린다. 자율적으로 참여하게 하고 대신 제작에 참여한 학생들은 모두 참여할 수 있도록 독려한다. 사회는 지도교사가 보도록 하고 각 영상을 상영하고 난 후에 그 영상 제작에 참여한 학생들이 나와서 인사하는 순서로 영상제를 진행한다. 그리고 각 영상 상영이 끝나고 난 후에는 팀의 감독들이 나와서 자기의 소감을 말한다.

이러한 영상을 보여드리니 선생님들이 영화제 전반에 대해 이해할 수 있었던 것 같다. 사실 내가 기획하는 영화제는 화려한 부산국제영화제 같은 멋들어진 영화제는 아니고 영상동아리의 발표회를 조금 확대한 마을공동체 개념의 영화제라고 할 수 있었다. 영상의 특성상 제작하고 난 후 장소나 횟수의 제한 없이 여러 사람에게 보여줄 수 있다는 장점이 있다. 이러한 특성을 이용하여 기획한 활동인 것이다.

학교 영화제라는 것이 그 특성상 매우 단출하고 행사를 진행하는 과정이 그다지 복잡하지 않아서 많은 논의가 필요하지는 않았다. 선생님들은 쉬이 이해하고 따라 하실 수 있다고 생각하고 실제로 그렇게 말씀하시는 선생님들도 있었다. 아이들이 만든 영상을 함께 보고 아이들이 느낀 소감을 나누는 자리라고 말씀을 드렸다.

우리학교 영화제
오산가수초등학교 영상동아리
가로수 2기 제작

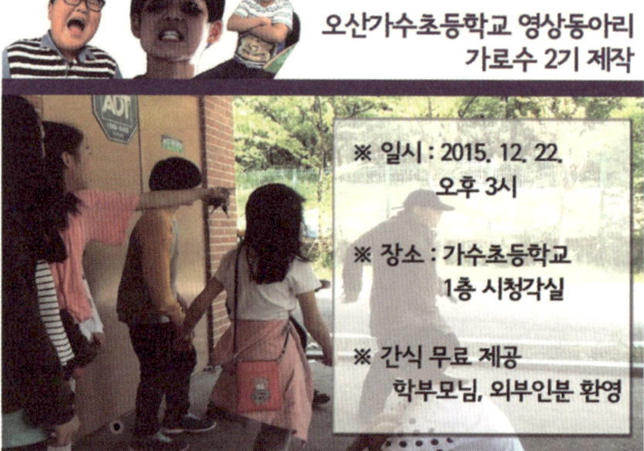

※ 일시 : 2015. 12. 22.
오후 3시

※ 장소 : 가수초등학교
1층 시청각실

※ 간식 무료 제공
학부모님, 외부인분 환영

우리학교 영화제
학교 영화제
진행 장면 보기

우리학교 영화제
학교 영화제
진행 장면 보기

우리학교 영화제
학교 영화제
진행 장면 보기

　다음으로 중요한 내용인 아이들이 직접 영상을 만드는 과정을 설명했다. 아래 그림과 같이 영상 제작을 4단계로 나누어 설명했다.

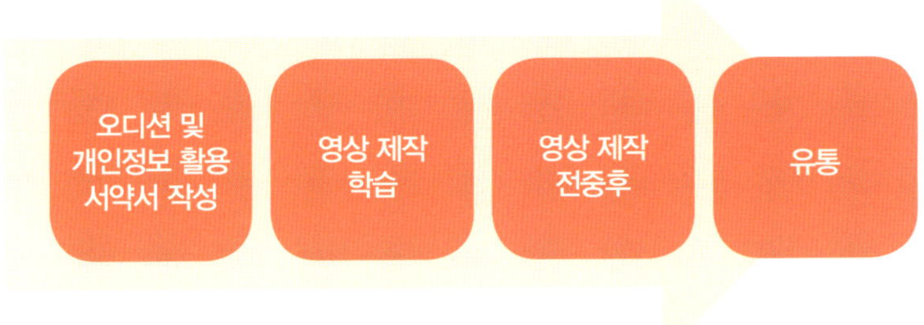

　첫째, 먼저 학생들을 그 전해에 오디션을 보고 이렇게 모은 학생들에게 개인정보활용 및 초상권 사용 동의서를 작성하게 한다. 오디션은 연기력을 본다기보다는 열의 있는 학생들을 고르기 위한 작업으로 진행한다. 개인정보활용 및 초상권 사용 동의서는 차후 있을지도 모를 민원 문제에 대비하기 위한 것으로 동의서를 작성해 오지 못할 경우에는 아예 참여할 수 없다는 점을 학생들에게 미리 말해 둔다.

　둘째, 영상 제작에 대한 대략적인 학습을 한다. 이때 너무 깊이 들어가지는 않는 범위에서 아이들이 최소한 영상을 제작할 수 있을 만큼만 지도한다. 촬영할 때의 주의점, 연기할 때의 주의점 등 반드시 알아두어야 할 부분만 골라서 2시간 정도만 짧게 가르쳐 준다. 이때 감독, 시나리오 작가, 촬영기사 등의 역할을 확실하게 정하고 그 역할에 따라서 제작 시 자신이 해야 할 일을 학생들이 숙지해야 한다.

　셋째, 영상제작 활동을 진행한다. 영상제작 활동이 거의 모든 활동의

90%를 차지하는데, 주로 동영상을 제작하기 위한 계획을 학교 창의적 체험활동 동아리 시간을 활용하여 세우고 토요일 하루 모여서 촬영한다. 한 해에 4가지 정도의 영상을 제작하게 되고, 한 학기에 2번 정도의 촬영을 진행하게 된다. 아이들이 직접 촬영과 연기에 참여하게 하고, 교사가 처음에 직접 지도해 주다가 나중에는 점차 아이들에게 직접 촬영할 수 있도록 지도해준다. 편집 역시 1학기에는 교사가 해주고, 2학기에는 교사가 한 것을 참고하여 학생들이 편집까지 마무리할 수 있도록 독려한다.

넷째, 만든 영상을 모아서 보낼 수 있는 여러 곳에 최대한 퍼트린다. 주제가 맞는 여러 공모전에 최대한 출품하고 유튜브와 페이스북, 카카오톡 등 SNS를 활용해서 핸드폰을 사용할 수 있는 학생들에게 공유하여 많은 학생이 볼 수 있게 한다. 월마다 있는 학교 방송시간에 상영하여 학생들에게 학생 동아리가 만든 영상을 보여준다. 그리고 1년에 한 번 학교 영화제를 개최하여 1년간 만든 영상을 학교 내외의 사람들이 보고 공유할 수 있도록 한다.

이러한 1년의 영상제작 동아리 교육과정을 사진과 영상을 가지고 설명했다. 일단 교사가 열의를 가지고 이 일에 뛰어들어야 하며 학생을 지도할 수 있을 정도의 촬영에 대한 기초 지식과 편집 능력이 있어야 한다는 점을 말씀드렸다. 다만 조금 부담을 드린 것은 아닌가 싶다. 좀 더 '쉽다'고 말씀드리는 게 더 좋았을 뻔했다. 사실 아이들이 적극적으로 참여하기 때문에 교사가 조금만 더 신경을 쓴다면 생각보다 훨씬 좋은 작품을 만들어 낼 수 있기 때문이다.

분과 모임 강의를 마치고

분과 모임에는 관련 활동을 하고 계시거나 이제 해보려고 하시는 선생님들이 반 정도였고, 반 정도는 단순한 호기심에 들으러 오신 듯했다. 대부분 반응은 매우 피곤하고 일이 많아질 것 같다는 느낌이셨다. 사실 틀린 말은 아니다. 업무를 하나 더 맡는 느낌일 것 같다. 대신 다음과 같은 장점 혹은 긍정적인 점이 있음을 말씀드렸다. 고생한 만큼 많은 변화가 일어난다. 학교의 색다른 문화가 생기고 학교 홍보에 큰 영향을 미친다. 그리고 학생들에게 다른 곳에서 쉽게 얻기 힘든 영상제작 경험을 하게 해줄 수 있고 그 영상이 많은 사람 앞에서 상영됨으로 인한 감격을 줄 수 있다. 이러저러한 공모전으로 약간의 명예와 상금을 얻을 수 있음도 말씀드렸다.

촬영 기술이나 편집에 대한 팁을 바라시고 오신 분들은 매우 실망하셨을지 모르는 짧은 강의였다. 어떻게 보면 수박 겉핥기식으로 어떻게 운영하고 있는지 설명하고 아이들이 만든 영상을 단순히 보여주는 강의가 아니었나 싶다. 다른 강의는 실습이 함께 진행되어서 훨씬 흡입력이 있고 재미있었다는데, 나도 촬영 구도 잡는 법이나 간단한 편집 팁 정도는 보여드리면서 실습을 짧게나마 할 것을 그랬나 보다. 이래저래 아쉬운 점이 많다.

포스트잇에 궁금한 점을 적어달라고 했다. 궁금한 점이 여러 가지 나왔는데, 그중 가장 많이 중복된 2가지가 있었다. 첫 번째는 학생이 어떻게 이야기를 짜는지에 관한 것이고, 두 번째는 어떻게 이러한 작업에 뛰어들게 되었는지에 관한 것이었다.

첫 번째로 학생들이 이야기를 짜는 것은, 둥그렇게 의자를 둘러 세우고 아이들이 그 자리에 앉아서 자유롭게 어떤 이야기를 찍고 싶은지 이야기를 나눠보게 한 다음, 시나리오 작가가 그 이야기를 듣고 시나리오를 써 오게 했다. 그리고 시나리오 쓰는 아이에게 팁으로, 이야기에 나오는 두 사람이 서로 싸워야 한다고 했다. 여기서 '싸운다'는 단순히 주먹 다툼을 하는 것이 아니라 의견 대립이나 경쟁 등을 의미한다고 말씀드렸다. 그렇게 작가가 시나리오를 쓰고 그것을 교사가 어느 정도 선까지 조금 고쳐주면 그럭저럭 찍을만한 이야기가 탄생한다.

두 번째로 어떻게 이러한 작업에 뛰어들게 되었는가에 대한 답변으로, 영화를 너무 좋아해서 계속 보다 보니 어느 순간 영화를 찍고 싶어졌다. 그래서 사회인 영화 모임에 들어가서 영화를 한번 찍어봤다. 이후 영상 및 영화를 제작하는 교육에 계속 관심을 갖고 있다고 하였다. 물론 힘이 들기는 하지만 어느새 이러한 부분이 제 특기 및 특성이 되어버려서 쉽게 놓지 못하고 지속적으로 하고 있다는 점도 말씀드렸다.

선생님들의 질문에 최선을 다하여 답변을 드리려고 했으나, 답변이 충분하지 못하지 않았나 하는 아쉬움이 든다. 조금 더 갈고 닦아서 선생님들에게 학교에서 영상제작을 하는 즐거움을 전달할 수 있는 사람이 되면 좋겠다고 생각했다. 앞으로도 이번에 느낀 감정으로 꾸준히 영상제작을 해 나가는 교사가 되어야겠다고 다짐했다.

정재성 초등교사와 영상제작 일 두 마리 다 잘하고 싶지만 잘 안 되는 젊은 남교사. 언제나 학교의 일과 영상을 제작하는 일 사이에서 고민하며 하루하루 열심히 살아가고 있다. 참쌤의 콘텐츠스쿨과 뻘짓 영상 제작단, 또 지역교육청에서 각종 영상제작 활동을 이어가고 있다. 학교에서 영화 만들기를 가르치고 이런 활동을 마을교육공동체 사업과 연계시켜 지속적으로 발전해 가고 싶다. 언젠가 장편독립영화를 만들어서 상영하고 학교 영화 제작에 대한 책을 쓰고 연수과정을 마련하는 것이 목표다. 하지만 아직 갈 길이 참 멀어 한편으로 즐겁다.

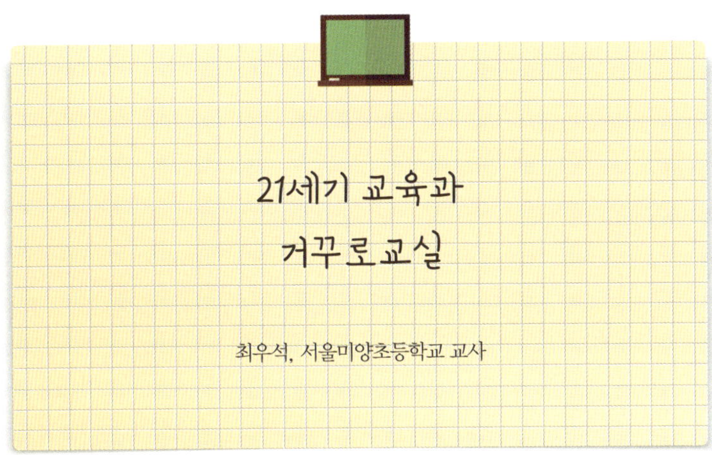

나는 사실 미래교실네트워크(www.futureclassnet.org)에서 거꾸로교실과 사최수프(사상최대수업프로젝트)라는 키워드로 교육혁신을 하려는 모임에 소속되어 있다. 실천교육교사모임을 알게 된 것은 수요일밴드의 박대현 선생님을 통해서였다. 음악을 통해 연을 맺은 박대현 선생님의 추천으로 실천교육교사모임의 행사에도 참여하게 되었다. 교육의 문제를 풀 수 있는 것은 개인의 역량이 아니라 집단지성의 힘이라 믿으며, 이론보다는 실천이 변화의 핵심이라는 것을 알기에 실천교육교사모임의 이름에서 지향하는 가치는 내가 추구하는 교육 변화의 방향과도 맞닿아 있다고 생각했다.

행사 전날 학교 야영 행사로 인하여 서둘러 KTX를 타고, 밀양역에서 하차하여 택시를 타고 행사장소로 이동하였다. 다행히 시간을 맞출 수 있었다. 도착하여 박대현 선생님과 함께 준비한 프로젝트 음악 공연을 하였다. 프로젝트의 제목은 '교사가 교사에게'였으며, 첫 노래는 승진 앞에서 고민하는 선생님들에게 보내는 노래였다. 교실에서 학생들과 함께 변화를 만들어보자는 메시지를 담았다. 다음 노래에서는 초등학교에서 인적 비율이 적은 남교사들에게 힘을 내자는 메시지를 담았다.

공연을 마친 후에 나는 '거꾸로교실과 21세기 교육'이라는 주제로 50분간의 나눔을 하게 되었다. 거꾸로교실 연수를 하면 거꾸로교실에 대한 반응은 극명하게 갈린다. 거꾸로교실을 새로운 교육패러다임의 전환으로 받아들이시는 선생님도 계시지만, 거꾸로교실은 접근하기 힘든 수업 방법이거나 한때의 트렌드라고 생각하시는 선생님도 많다. 그러한 부분에 유의하여 50분간의 나눔을 시작했다.

나는 21세기 교육으로 나아가는 데 교육의 가장 큰 걸림돌은 '강의식 수업'이 보편적인 수업 방식으로 자리 잡았다는 것에 있다고 생각했다. 강의식 수업은 학습자로 하여금 수동적인 태도를 만들게 하며, 이렇게 얻어진 지식은 실제 세계에서 그다지 필요가 없다고 생각되었다. 왜냐하면 우리는 적극적으로 세계의 변화에 뛰어들어야 하고, 지식은 얼마든지 검색이 가능한 시대에 살고 있기 때문이다. 즉, 21세기 교육은 강의식 수업에서 벗어나는 것에서 시작되어야 한다고 생각했다.

하지만 강의식 수업의 효용성을 주장하는 분들의 이야기에도 일리는 있었다. 교사가 가지고 있는 지식을 전수하는 것도 필요하다는 주장 말이다. 그 주장에 일견 동의한다. 아무 지식도 없는 상태에서는 학생들이 어떤 활동을 하기는 힘들기 때문이다.

그래서 거꾸로교실에서는 교사가 전수해야 할 필요가 있다고 생각되는 부분은 동영상의 형태로 학생들에게 제시한다. 이 동영상은 학생들이 본인이 편할 때 보고, 더 보고 싶으면 더 볼 수도 있다. 교사의 강의를 학생들이 조절하여 볼 수 있는 것이다. 교실에서는 지식의 전수 활동 없이 학생들이 다양한 활동을 통해서 스스로 지식을 재구성한다. 내가 가지고 있는 이러한 생각을 나의 실제 사례와 함께 샘들과 나누었다.

하지만 이러한 나눔이 지속적으로 의미를 가지기 위해서는 선생님들끼리의 소통과 협력이 필요하다. 실천교육교사모임도 아마 그러한 취지로 만들어진 모임이라는 생각이 들었다. 거꾸로교실뿐만 아니라 다양한 교육적 시도가 함께 어우러져야 모두가 꿈꾸는 교육혁신이 이루어질 것이라 생각한다. 앞으로도 실천교육교사모임의 번영을 기원한다.

최우석 전국에 교육혁명을 꿈꾸는 선생님들이 모인 미래교실네트워크에 소속되어 있다. 서울 지역에서 약 600여 명의 선생님과 함께 거꾸로교실로 수업주도권을 학생들에게 넘겨주고 있다. 더불어 Apple에서 선정된 Apple Distinguished Educator로서, Apple Professional Development를 겸하고 있다. 설명보다는 결과로 보여주고 증명하는 타입으로, 아무도 해내지 못한 교육혁명을 전국에 계신 선생님들과 함께 세상에 보여주고 증명하는 그 날을 꿈꾼다.

나답게! 자신 있게! 함께!

박정선, 전남 여수여자고등학교 교사

책을 통해 알게 된 몇몇 선생님 덕분에 이 모임을 알게 되었습니다. 1, 2회 모임을 페이스북을 통해 보면서 '나도 함께하고 싶다'라는 바람과 함께 '다들 대단해 보이시는데 나처럼 부족한 교사가 끼어도 되는 자리인가?' 하는 걱정이 있었습니다.

그러던 중 용기를 내서 참여하게 된 건, 1년 남짓의 고등학교 생활에 몸과 마음이 지쳐가고 있었고, 다들 익숙한 이곳에서 이방인처럼 아직도 낯설고 어려워서 힘을 얻고자 이 모임을 찾게 되었습니다. 신청할 당시 고등학교 선생님은 한 분도 없었고, 초등 선생님이 대부분이었습니다. 그래서 한 번 더 주춤했습니다. 확신이 없는 상태로 창원을 향해 차로 달렸습니다.

드디어 창원에 도착. 입구에서 안내를 하시는 차승민 선생님이 눈에

들어왔습니다. 한 번도 뵌 적 없지만, 페이스북에서 자주 봬서 그런지 혼자 반가웠습니다. 그곳에는 정말 많은 분이 계셨습니다. 중학교에 근무하는 후배에게 권해 함께 왔는데 같이 오길 잘했단 생각이 들었습니다. 뭔가 아직은 낯설고 이렇게 많은 선생님이 모인 연수는 신규 발령 때 말고는 처음이라 정신없는 상태로 앉아 있었습니다.

연수의 첫 강의는 정원상 선생님이 열어주셨습니다. '드로잉쇼.' 약간은 어수선한 분위기 속에서 잔잔한 음악과 함께 차분한 목소리로 정원상 선생님은 자신에게 별빛을 선물해주신 선생님에 대한 이야기를 했습니다. 그저 그림을 빠르게 잘 그리는 실력에 '신기하다'라며 화면을 보고 있다가 점점 빠져들었고 "저에게 멋진 별빛을 선물해주셨던 그 선생님은 지금 저희 학교 바로 옆 교실에서 저와 같이 근무하고 계십니다"라는 말에 순간 알 수 없는 벅참을 느꼈습니다. 내게 어울리는 옷을 입고,

나답게 내가 할 수 있는 것을 자유롭게 해도 된다고 말하는 정원상 선생님의 목소리가 아직도 기억에 남습니다.

이어서 김미연 선생님이 '말 잘 듣는 학생, 말 잘 듣는 교사'라는 강의를 시작했습니다. 한눈에 봐도 앳되어 보이셨습니다. 3년 차 눈으로 바라본 학교의 모습을 솔직하고 담담하게 전하는데, 조금 더 교직 생활을 한 저도 스스로를 되돌아보는 시간이었습니다. 신규 시절 이해할 수 없고 불합리해 보이는 일들, 과연 이렇게 해야 하나 궁금하고 반감도 생기는 일들에 점점 익숙해지고 의문을 갖는 것조차 슬슬 줄어드는 저를 발견하게 됩니다. 고민해도 달라지지 않는다는 좌절감을 느낀 후, 스스로를 편하게 하고자 모른 척 하고 있는 건 아닌가 싶었습니다. '교육에 대해 고민하는 교사가 유난스럽지 않은 문화'가 만들어지길 바란다는 선생님의 말이 마음에 와 닿았고, 이곳에서는 다들 유난스럽지만 유난스럽지 않은 교사가 될 수 있을 것 같은 예감이 들었습니다.

점점 연수에 빠져들고 있을 때쯤, 서준호 선생님의 '선생님, 힘내세요!'가 시작되었습니다. 용도를 알 수 없는 천을 한 뭉치 들고 "도우미 선생님이 필요하다"고 하시며 심리극을 시작하셨습니다. "어떤 학생이 힘이 드나요?"라고 물으면서 우리를 힘들게 하는 학생 역할을 맡은 선생님에게 천을 당기게 하고, 대표 선생님도 함께 그 천을 당기라고 했습니다. 마치 우리가 학생 한 명 한 명을 포기하지 않고 가르치려고 안간힘을 쓰는 것처럼 말입니다. 어떠냐고 심정을 묻자, "놓고 싶다"고 얘기하는 그 대표 선생님의 마음이 공감되었습니다. 문제를 일으키는 아이들을 보느라 잘 따라주고, 묵묵히 자신의 일을 해내는 아이들을 보지 못한다는 걸 알았습니다. 그 아이들이 선생님을 힘들게 하는 아이들에게 "하지 마"라고 얘기하며 천을 빼앗아 선생님 목에 걸어줄 때, 마치 제가 앞에서 위로받는 것처럼 마음이 따뜻해졌습니다. 저를 힘들게 하는 게 아이들이지만, 저를 가장 행복하게 만들어주는 것 또한 아이들임을 느꼈습니다.

그리고 또 우리를 힘들게 하는 건, 학부모였습니다. 연수를 오기 전날, 2박 3일의 수련회를 마쳤고, 그 수련회를 준비하는 과정에서 학부모와의 마찰이 떠올랐습니다. 현재 통합학급을 맡고 있고, 지적 장애가 있는 개별반 학생이 한 명 있습니다. 그 학생의 수련회 참석을 반대하는 어머니로 한동안 속이 많이 상했습니다. 자신의 자녀만을 생각하고 다른 학생을 배려하지 않으며, 자신이 싫다는 이유로 다른 학생의 수련회 참석을 반대하는 학부모를 설득하는 과정에서 지치고 힘들었던 마음이 아직 아물지 않은 채 그곳에 갔는데, 그 시간 그 힘들었던 마음을 어르고 달래주는 것처럼 고마웠습니다. 교사가 행복해야 학생이 행복할 수 있다고 전국에 계신 교육감님께 지역별 교사치유센터를 꼭 만들어달라고 강의를 마치는 서준호 선생님의 바람이 꼭 이루어지길 바랍니다.

그리고 '시를 통해 아이들과 하나 되기'라는 주제로 최종득 선생님이 강단에 오르셨습니다. 주제 자체가 제게는 생소했고, 어떻게 시를 통해 아이들과 하나가 될 수 있을까? 라는 의문이 든 건 제가 수학교사라서만은 아닌 것 같습니다. 빡빡하게 짜인 교육과정으로 담임과의 시간이 잘 확보되지 않은 고등학교 생활에 어느새 익숙해지다 보니 아이들과 앉아서 진로면담을 하는 것 이외에, 아이들의 글이나 생각을 들을 시간이 거의 없습니다. 그런 시간이 필요하다는 생각조차 하지 못하고 입시에 집중되어 있는 저의 모습을 보게 됩니다. 보통 글짓기 시간이면 아이들은 글짓기를 싫어했고, 빨리 결과물이라도 제출하기 위해 시를 선택했습니다. 제가 만난 아이들에게는 그런 시였는데, 최종득 선생님이 들려주는 시에서는 아이들의 마음이 보였습니다. 숨기고 싶으면서 동시에 알리고 싶은 그런 속내를 아이들은 시를 통해 보이고 있었습니다. '아이들을 하늘처럼 모시는 선생님이 되고 싶다'는 선생님의 바람은 이미 이루신 듯 보였습니다.

교직에 있으면서 고민되는 것 중 하나는 '아이들의 삶에 내가 어느 정도 깊이 관여할 것인가?'입니다. 신규 때는 아이들 한 명 한 명의 삶을 속속들이 알아가는 게 교사로서 기쁨이고, 내가 아이들을 위해 뭔가를 해줄 수 있을 것 같은 자신감에 행복했습니다. 그런데 시간이 지날수록 그 행복감이 부담감이 되기도 하고, 너무 깊이 알게 되면 아이들을 혼내고 다잡아줘야 할 때 주춤해지기도 했습니다. '차라리 몰랐더라면 내가 좀 더 편할까?', '신경이 덜 쓰일까?' 고민하게 되고, 아이들과 너무 가까워지는 걸 겁내고 적당한 거리를 두려고도 합니다.

그런데 최종득 선생님은 그런 두려움 없이 아이들에게 선뜻 다가가 있는 모습에 놀랐습니다. '과연 나도 저렇게 할 수 있을까?'라는 의문과 부러운 마음이 듭니다. 선생님은 '내가 잘하고 있는 걸까? 1년 동안 아이들을 헷갈리게 하는 건 아닐까?' 고민하셨다는데, 그 말씀에 마냥 대단하게만 보이던 선생님이 좀 더 친근하게 느껴졌습니다. 큰 변화는 아니지만, 아이들을 위해 한두 가지씩 시도를 하면서 '과연 내가 잘하

는 걸까? 내가 아이들을 망치는 건 아닐까? 그냥 하던 대로 하는 게 가
장 나은 건 아닐까?' 이런 고민을 하는데, 선생님도 비슷한 고민을 했다
는 것에 저처럼 평범한 교사도 힘을 얻고 용기를 얻습니다. 선생님의 그
런 고민을 알기라도 한 듯, 한 학생이 졸업하고 선생님을 찾아와 "선생
님, 저 걱정하지 마세요. 저 선생님이랑 같이 산 1년이 너무 행복했기 때
문에 힘들면 그 행복 끄집어내서 살 수 있어요. 그니까 내 걱정 마요. 고
맙습니다"라고 말했다는 이야기에 울컥했습니다. '과연 1년 담임이라는
자리가 아이들에게 어떤 영향을 줄 수 있단 말인가? 가정에서도 돌보지
않는 아이들에게 관심과 사랑을 쏟는다고 변화가 있을까? 밑 빠진 독에
물 붓는 거 아닌가?'라며 이런저런 한탄을 하며 담임 자리에 대한 어려
움을 토하는 저에게 들으란 듯이 그 아이의 말이 제 마음에 들어왔습니
다. 한 사람의 사랑과 힘이 아이들의 인생에 이렇게 커다란 영향을 미칠
수 있구나. 그런 대단한 자리에 서 있다는 것을 잊고 있었고, 겁먹지 말
고 도망치지 말고, 최종득 선생님처럼 아이들의 삶에 깊이 들어가 같이
울고 웃을 수 있는 교사가 되고 싶어집니다.

　15분이라는 짧은 시간 동안 이뤄진 여러 선생님의 강의는 대단했습니
다. 어찌 저 짧은 시간에 사람의 마음을 움직이고, 위로를 하며 힘을 줄
수 있는지 놀라웠고, 고마웠습니다. 오전 내내 위로를 받고 힘을 얻어서
인지 이젠 좀 더 고민을 터놓고 이야기하고 싶어졌습니다. 위로는 이제
충분하니, 얻은 힘으로 나아가보자고 이야기하고 싶어졌습니다. 이제
우리 어디로 가야 할까요? 어떻게 해야 할까요? 이런 이야기들.
　오후는 그런 바람을 미리 알기라도 한 듯, 좀 더 깊이 있는 이야기를

나눌 수 있는 소그룹으로 진행되었습니다. 뵙고 이야기를 나누고 싶은 선생님은 많은데 한 강의만 선택하는 게 어려워서 평소 고민하던 걸 가장 잘 나눌 수 있을 강의를 선택하기로 했습니다.

요즘 가장 고민 중 하나는 '무엇을, 어떻게 가르치는 것이 맞는가?'라는 것입니다. 무엇을 어떻게 가르쳐야 할지조차 혼란스럽고 갈팡질팡하고 있다는 게 교사로서 아이들에게 부끄러운 일이지만, 지금 제가 그렇습니다. 고등학생 시절에는 너무나 당연했던 인문계 고등학생들의 삶을 다시 어른이 되어 바라보니, 우리 아이들이 참 짠했습니다. 보통 8시 등교해서, 담임과의 마땅한 조회도 하지 못하고 영어 듣기로 시작해서 10분 쉬고, 1교시가 시작됩니다. 보충까지 8교시를 마치면, 저녁 10시까지 야간자율학습. 그 후, 대부분은 곧바로 집으로 가는 것이 아니라, 독서실이나 학원으로 가고 12시를 훌쩍 넘긴 시각에 잠자리에 듭니다. 늘 잠이 부족한 아이들, 하루 14시간은 족히 공부를 하면서도 늘 뭔가에 쫓기듯 불안한 아이들, 당연해 보이는 이런 생활을 글로만 접하는 것과 매일 곁에서 보는 건 달랐고, 생각보다 불편했습니다. 매일을 그렇게 피곤한 상태로 어두컴컴할 때 하교를 하다가, 며칠 전 수련회 전날 전교생이 6시에 하교를 한 적이 있었습니다. 기분 탓이었을까요? 아이들의 모습이 무척 행복해 보였습니다. 늘 어깨를 축 늘어뜨리고 집으로 가는 지친 모습이 아닌 18세나운 생기를 얼굴에 머금은 채 집으로 향하고 있었습니다. 그 모습이 보기 좋았습니다.

모두 보이지만, 못 본 척하고 있는 우리 아이들의 삶에 대해서 이야기하고 싶었습니다. 이대로 가르쳐도 우리 아이들은 괜찮은지에 대해서. 주당 4, 5시간 동안 열심히 가르치고 있는 수학은 지금이 최선인지, 대학이 아이들의 전부이자 끝인지, 어떻게 가르쳐야 하는지에 대해 이야기하고 싶었나 봅니다. 그래서 정유진 선생님의 '21세기 교사로 살아가기'라는 강의를 선택했습니다. 전 어쩔 수 없는 20세기 교사이기에 우리 아이들을 잘 가르치기 위한 혜안을 얻고 싶었습니다.

　오전과는 다른 분위기에서 강의가 시작되었습니다. 우선 간단히 인사를 한 후, 각자 이 강의를 선택한 이유나 고민을 포스트잇에 적어 제출했습니다. 함께 왔던 후배가 쉬는 시간에 "학교에서는 사실 고민하는 것들을 세세하게 이야길 꺼내질 못하겠어요. 그런 이야기를 한다는 게 부담스러워서 자꾸 남편에게만 이야길 하게 돼요"라고 자신의 고충을 이야기했습니다. 부부 교사인 후배는 학교에서의 고민을 남편 말고는 나눌 곳이 마땅치 않음을 속상해했습니다. 그런 후배가 그 시간 그 자리에서 세세한 자신의 이야기를 꺼내기 시작했습니다. 무엇이 고민인지, 자

신이 느끼는 좌절감과 도망치고 싶은 마음까지도 꺼냈습니다. 옛말에 '누울 자리를 보고 다리를 펴라'고 했는데, 우린 그곳이 우리가 누울 수 있는 곳이라는 걸, 우리의 어떤 고민도 무시당하지 않고, 들어주고 공감해 줄 수 있는 곳이란 걸 본능적으로 알았나 봅니다.

선생님은 과거 경험담을 들려주시면서 이야기를 시작하셨습니다. 다투는 학생들을 지도하는 과정에서 한 아이에게 '상대방에게 친절하게 대하라고 했지'라며 소리치며 지도한 적이 있다며 그때 상황을 설명하셨습니다. '이때, 누가 가장 불친절하죠?'라는 선생님의 말에 뜨끔했습니다. 이 말씀을 꺼내기 전까지 선생님의 지도방식에 아무런 이상한 점도 느끼지 못했던 건 평소 제 모습과 닮아있었기 때문입니다. '제가 가장 불친절하죠?', '친절은 친절로만 가르칠 수 있습니다'라고 말씀하시며 친절한 몸짓과 말씀으로 친절을 몸소 가르쳐주셨습니다. 친절하지 않은 교사가 친절을 가르칠 수 없듯이, 아이들에게 민주주의를 가르치고, 시민의식을 가르쳐야 하는 교사와 학교는 누구보다도 민주적이고 의식이 깨어있어야 하지 않을까 하고 생각하며, 교사로서의 내 모습과 근무하고 있는 학교의 모습을 되돌아봅니다. '친절하게 대하라고 했지'라고 소리 지르는 수준에 머물러 있음을 인정하지 않을 수 없습니다. 교사라는 자리가 단지 수학 공부 좀 잘해 임용고시 합격해서 그 자리에 앉는다고 해서 거저 얻어지는 자리가 아님을, 교실에서 '수학을 가르치는 강사'가 아닌 '교사'로 존재하기 위해서 많은 수련과 배움을 스스로 게을리해서는 안 됨을 깨닫게 됩니다.

선생님은 또 다른 경험을 말씀하시며 이야기를 이어가셨습니다. '우리는 아이들이 잘할 때는 말이 없고, 잘못 할 때는 말이 많아진다'고 하셨습니다. 그때 생각나는 학생이 한 명 있었습니다. 수련회 때 개별반 학생의 참여로 아이들에게 실망해 화를 내기도 하고 신경이 매우 예민한 상태로 출발했습니다. 출발하던 버스에서 아이들이 보고 싶은 채널을 고르려고 제게 채널을 '여기로요, 저기로요~' 하며 주문을 하듯 이야기를 했고, 그 모습을 지켜보던 개별반 학생은 '야! 니들 왜 자꾸 선생님 시켜!'라며 혼내주었습니다. 순간, 놀랐습니다. 그런 말을 할 줄 전혀 몰랐고, 기분이 좋았습니다. 그런데 전 그 아이에게 아무 말도 안 했습니다. '내가 이렇게 잘하는 일에는 말을 아끼고 있었구나', '이제라도 이야기하면 너무 늦었나?' 고민하고 있는데, 선생님께서 '죽기 전까지 늦지 않았다'고 용기를 주셔서 연수를 다녀온 후, 고마움을 전할 수 있었습니다. 잘못하는 일에는 말을 짧게, 잘한 일에는 꼭 한마디라고 잊지 않고 하려고 노력하고 있습니다.

한 시간이 쏜살같이 지나가고, 아쉬움을 남긴 채 자리를 옮겼습니다. 그 자리에서 함께 이야기하고 싶던 주제들에 대해 많은 이야기를 나누지 못한 것이 아쉬웠지만, 든든한 첫술을 뜨고 온 것처럼 앞으로에 대한 기대감이 더 컸습니다. 창원에 이어 4회, 5회 모임을 갖다 보면 여기 모인 선생님들과 함께 자연스럽게 고민을 나누게 되고, 머지않아 지금보다는 나은 아이들의 삶을 목도하게 되지 않을까 기대합니다.

창원을 다녀오고 나서 그때를 떠올려보면 가장 좋았던 건, '공감'이였습니다. 때론 너무 하찮은 일인데, '혼자 속상하나, 다들 괜찮은데 나만 유난스럽게 왜 그러나?'라는 생각이 들며 좌절했던 시간을 공감받고 왔습니다. 그리고 학교급을 떠나, 경력을 떠나 우리는 모두 '아이들을 위하는 마음'이라는 공통분모가 있다는 것을 알 수 있었습니다. 때론 다른 방식과 다른 모습으로 이를 표현하더라도 나다운 방식을 존중받길 원하듯 상대방의 다른 방식 또한 이해하고, 소통하려는 노력을 시도해야 함을 깨달았습니다. 나와 좀 다른 방식과 생각을 가진 선생님과 소통하지 않고, 익숙하고 편한 선생님들과만 소통하면서 아이들에게 '나와 다름'을 '틀렸음'과 구별하며 '다름'을 인정해야 한다고 가르칠 수 없음을 깨달았습니다. 학교급이 다르고, 성별이 다르고, 연령이 다른 많은 선생님이 모여서 각자 '나다움'을 뽐내면서 '함께' 갈 수 있음을 발견한 의미 있는 시간이었습니다.

좋은 연수를 계획하고 준비하신 선생님께 진심으로 감사를 드립니다. 이 모임이 연수에 그치지 않고, 아이들의 삶 속속들이, 교육 현장에 깊숙이 더욱 영향을 미치도록 힘쓰시는 여러 선생님께 감사드리며, 보고 배워서 조금이나마 힘을 보탤 수 있는 후배 교사가 되도록 노력하겠습니다.

실천교육교사모임을 함께 만들어가는 사람들

(2016년 11월 10일 기준)

강대일	강미선	강석도	강성화	강윤주	강은영	경종호	고수진
공강옥	곽형준	구민정	권기석	권민석	권재우	권재원	김광민
김교욱	김규승	김남헌	김대현	김동현	김동현	김말징	김미라
김미연	김미용	김민지	김병주	김보경	김상헌	김선영	김 설
김성준	김성환	김성효	김성훈	김성희	김세정	김송희	김수미
김수진	김승미	김아람	김연경	김연정	김영주	김영주	김옥숙
김우순	김인자	김자경	김재진	김종길	김종보	김지현	김진아
김차명	김태경	김태선	김태우	김태현	김한새얼	김해동	김현규
김현선	김현용	김현주	김현진	김현진	김현진	김형옥	김혜영
김혜인	김홍준	김효수	김희정	나건우	나승빈	남미옥	남은경
노석민	노영윤	도영록	류정아	문민식	문성원	문소연	문정표
문지현	민정일	민천홍	박고은	박광수	박근병	박대현	박래훈
박명순	박미아	박미자	박범철	박병주	박병희	박상욱	박성광
박성진	박성현	박소향	박수경	박수용	박숙현	박순걸	박순진
박승훈	박아름	박영환	박왕규	박원남	박은혜	박일관	박정란
박정선	박종서	박종호	박지숙	박현주	박혜진	방기용	배가람
배병록	배성호	배희은	변영호	변은정	서기문	서수정	서승원
서정옥	서준호	성복선	소미라	송경애	송명희	송미애	송석희

송선화　송 숙　송윤오　송혜원　송희진　신동하　신세진　신승민
심덕남　심상숙　심임섭　안미영　안성관　안순이　안승문　안화용
양병훈　양선미　양은숙　양인선　양효준　오광석　오재승　원소희
유선희　유승희　유 재　윤길중　윤영집　윤일호　이가현　이귀영
이동규　이동민　이동성　이리리　이명국　이민경　이병극　이보나
이봉남　이상우　이성권　이성기　이성우　이성진　이성호　이성희
이세정　이수리　이수연　이영근　이윤미　이은영　이은정　이의진
이장건　이재익　이주열　이준형　이지윤　이지혜　이혜점　이호재
이훈희　이희명　이희정　인경화　임기은　임동연　임명옥　임미성
임채정　장사억　장수지　장연지　장영순　장용철　장윤정　장정순
장준식　장진원　전혜미　정기진　정남주　정명근　정미영　정미화
정선아　정성식　정성우　정소영　정수빈　정아름　정용진　정원상
정유진　정은아　정준영　정지은　정진민　정진실　정현선　정현우
조아라　조양수　조은주　조인기　조하나　지항수　진혜림　차선령
차승균　차승민　차용훈　차진희　채은주　천경호　천성원　천호성
최경희　최 란　최민희　최석문　최선경　최선주　최윤서　최은옥
최인주　최종득　최진경　최진수　최한성　최현주　최현희　최혜연
태현숙　하미경　하만일　함승무　허경진　허윤희　헌경희　헌여정
현정은　현종섭　홍명희　홍미선　황경재　황선혜　황장원